GOTT FINDEN.
WIE GEHT DAS?

GOTT FINDEN. WIE GEHT DAS?

MATTHIAS BECK

Styria
VERLAG

1. DIE ORDNUNG IN DER NATUR UND IM MENSCHEN

2. DIE EXERZITIEN DES IGNATIUS VON LOYOLA

3. KONSEQUENZEN – SPIRITUALITÄT UND ETHIK

Vielleicht fragen Sie sich, warum Sie gerade dieses Buch in die Hand nehmen. Sie hätten ja auch ein Buch über Autos oder übers Kochen nehmen können. Aber Autos interessieren Sie nicht, Kochen vielleicht. Und da sind wir schon bei einer zentralen Frage: Warum interessiert mich etwas? Wann kommt innerlich bei mir etwas in Bewegung? Gibt es in mir einen Resonanzboden, der bei bestimmten Ereignissen zum Schwingen kommt? Vielleicht haben Sie auch eine bestimmte Frage und erhoffen sich Antworten, oder es treibt Sie die Sehnsucht nach *mehr* Leben? Vom bloßen Überleben zum wirklichen Leben?[1]

Jeder Mensch sucht etwas in seinem Leben: meistens Glück, Liebe, den richtigen Beruf, den geeigneten Lebenspartner, Gesundheit. Jeder[2] will geliebt und respektiert werden. Wenn man etwas sucht, will man auch etwas finden. Jedes Versteckspiel verliert seinen Reiz, wenn man denjenigen, der sich versteckt hat, nicht findet, und derjenige, der nicht gefunden wird, verliert die Lust daran, wenn er wartet und niemand kommt. Das Spiel ist aus. *Warten auf Godot* von Samuel Beckett ist ein solches Theaterstück[3]: Zwei Menschen warten auf jemanden, der nie kommt. Menschen sagen oft: Wir sind alle Suchende. Aber

---

1 So lautet ein Buchtitel von Karl Frielingsdorf, *Vom Überleben zum Leben. Wege zur Identitäts- und Glaubensfindung*. Matthias Grünewald 2008.

2 Im Folgenden wird nur ein Genus verwendet, das für beide Geschlechter gilt.

3 Samuel Beckett, *Warten auf Godot. Endspiel. Glückliche Tage*, Suhrkamp Berlin [7]2006.

Menschen wollen auch etwas finden. »Ich suche Gott«, lässt Friedrich Nietzsche den Mann mit der Laterne am helllichten Tage hinausschreien. Er wird ausgelacht.[4] Lässt Gott sich finden?

Sie blättern im Buch, vielleicht legen Sie es wieder weg. Sie finden nicht, was Sie suchen. Wissen Sie genau, was Sie suchen? Manchmal wissen wir nicht, was wir suchen. Es ist oft nur eine diffuse Unruhe da. Der Tag geht weiter. Die Zeit ist flüchtig, sie steht nicht still. Der nächste Termin, neue Eindrücke. Der Tag fliegt dahin, von Ereignis zu Ereignis. Was bleibt am Abend? Was mache ich mit meiner Zeit? Kann ich irgendwo ausruhen und zur Ruhe kommen?

Was immer Sie suchen, was immer Sie finden, es bleibt Ihre eigene Suche. »Der Mensch ist seines Glückes Schmied«, sagt der Volksmund. Das ist in einem gewissen Sinn richtig. Wir haben zwar Voraussetzungen, die wir mitbekommen haben, aber wir können daraus etwas machen. Daher steht im Zentrum dieses Buches die Einzigartigkeit jeder Person. Jeder ist einzigartig und wichtig. Wenn man weiß, dass man wichtig *ist*, muss man sich nicht wichtig *nehmen* und im Mittelpunkt stehen. Jeder ist hundert Prozent Mensch. Jeder *hat* seine Welt, *ist* seine Welt und nimmt sich und die Welt auf *seine* Weise wahr. Der Andere hat seine Welt, seine Wahrnehmungen. Gibt es da Überschneidungen? Die Wahrnehmung beginnt bei mir: Ich sehe, ich höre, ich spreche, ich nehme die Welt wahr. Und gleichzeitig lebt jeder mit anderen Menschen zusammen. Der Andere hat seine Wahrnehmungen, sieht und hört auf seine Weise. Für die Kommunikation zwischen Ich und Du ist das Verständnis der jeweiligen Wahrnehmungen von großer Bedeutung.

Die Einzigartigkeit jeder Person

4 Friedrich Nietzsche, Der tolle Mensch, in: *Die Fröhliche Wissenschaft*, Drittes Buch Nr. 125. Reclam Stuttgart 2000.

Derzeit gibt es eine große Krise: Corona. Jeder ist auf sich selbst zurückgeworfen, oft isoliert. Jeder muss irgendwie damit umgehen. Jeder nimmt die Situation anders wahr. Die Bedrohung durch das Virus kann nur abgewendet werden, wenn jeder Einzelne sich an bestimmte Regeln hält. Selten war der Einzelne so wichtig: Abstand, Hygiene. Das kann sehr belastend sein, aber auch aufmunternd: Endlich werde ich ernst genommen. Diese Krise ist ein Symptom eines viel größeren weltweiten Umbruchsprozesses, der ein Umdenken erfordert: im Umgang mit der Umwelt, in der Wirtschaft, in der Politik, in der Arbeitswelt (auch durch »künstliche Intelligenz«) und auch in den Religionen. Es ist eine Art *Entkoppelungsprozess* im Gang, in dem der Mensch sich immer mehr abkoppelt von seinem letzten Urgrund und sich dadurch weit von seinem Wesen entfernt. Die Folgen werden mehr und mehr sichtbar. Die Welt wird unübersichtlicher und unsicherer, daher wird eine feste Verwurzelung in einem tieferen Seinsgrund immer wichtiger.

> **Daher wird eine feste Verwurzelung in einem tieferen Seinsgrund immer wichtiger.**

Der Einzelne wird auch in den Wissenschaften immer bedeutsamer. Das hat unter anderem mit den verschiedenen Paradigmenwechseln zu tun, die in der Geschichte stattgefunden haben. Der erste große Paradigmenwechsel war jener der Kosmologie: Nicht mehr die Erde steht im Mittelpunkt, sondern die Sonne. Das spielt für den Einzelnen noch keine so große Rolle. Der zweite war der Übergang von der Newtonschen Mechanik zur Quantenphysik: Nichts ist starr, alles ist in Wechselwirkung und die Dinge verändern sich durch die Beobachtung. Der dritte Paradigmenwechsel geschieht in der Genetik, die erkennt, dass Gene aktiviert und inaktiviert werden müssen. Dafür sind epigenetische Faktoren verantwortlich, die auch mit dem Lebensstil des Einzelnen zusammenhängen.

Derzeit macht auch die Medizin einen solchen Paradigmenwechsel durch. Bisher war sie weithin naturwissenschaftlich geprägt und ihre Erkenntnisse waren verallgemeinerbar. Jetzt stellt man fest, dass aufgrund des unterschiedlichen Genoms jedes einzelnen Menschen dasselbe Medikament bei jedem Menschen anders wirkt. Hier spricht man von individualisierter und personalisierter Medizin.[5] Der Einzelne tritt ins Zentrum, was auch in der Psychologie schon der Fall war. Verbunden mit den Erkenntnissen von Genetik und Epigenetik zeigt sich, dass der Einzelne viel zum Gesundbleiben und Gesundwerden beitragen kann: durch Lebensstil, gute zwischenmenschliche Beziehungen und ein geordnetes Innenleben.

Der letzte Paradigmenwechsel sollte in der Theologie stattfinden. Menschen suchen immer mehr nach individueller Spiritualität und weniger nach Religion in der Gemeinschaft. Oft suchen sie in asiatischen Religionen oder in esoterischen Kreisen, weniger im Christentum. Das Christentum spricht von der Kirche, vom Volk Gottes, von der Gemeinschaft der Gläubigen. Viele spricht diese Art der Religionsgemeinschaft nicht mehr an. Der Einzelne als einzigartiges Individuum mit seiner Entscheidungshoheit über sein Leben wird ihnen nicht genug gewürdigt. Es gibt so viele existentielle Fragen, die nicht beantwortet werden. Vieles von dem, was im Christentum verkündet wird, erreicht den Menschen nicht mehr in seiner existentiellen Betroffenheit. Formelhafte religiöse Botschaften berühren das Herz der Menschen nicht. Manches wirkt sogar abstoßend. Der Mensch will mit seinen Fragen ernst genommen werden. Diese Fragen drängen sich auf. Niemand kann ihnen entgehen. Menschen suchen nach Antworten, sie wollen ihr Leben verstehen

---

5 Das Fachgebiet der »Pharmacogenomics« hat diese Zusammenhänge erforscht. Den Begriff der »individualisierten Medizin« sollte man verwenden, wenn rein naturwissenschaftlich auf das individuelle Genom des Menschen geschaut wird, von »personalisierter Medizin« sollte man sprechen, wenn die einzelne Person in ihrem Umfeld mit ihren Beziehungen und ihrem Innenleben gemeint ist.

und etwas erfahren. Zusammengefasst: Der Einzelne steht auch hier im Zentrum. Ein zentraler Satz könnte lauten: Du bist wichtig, nimm dich ernst, ohne ständig im Mittelpunkt stehen zu müssen. Im Bereich der Ethik ist es der Begriff der Menschenwürde, der auf den Einzelnen abzielt.

Du bist wichtig, nimm dich ernst, ohne ständig im Mittelpunkt stehen zu müssen.

Wenn Fragen nicht beantwortet werden, wenden sich die Menschen ab. Das ist schon bei Kindern so. Sie haben so viele existentielle Fragen nach dem Leben, dem Himmel, und wo die verstorbene Großmutter jetzt ist. Eltern tun gut daran, diese Fragen ernst zu nehmen und mit den Kindern nach Antworten zu suchen. Dieses Buch will dabei helfen. Es gibt einen Weg, im eigenen Inneren Antworten zu finden. Sie liegen oft viel näher, als man denkt. Im Menschen ist schon alles angelegt, der Schatz muss nur gehoben werden.

Dieser Schatz darf ans Licht kommen und in Erscheinung treten. Das Verborgene ans Licht kommen zu lassen, ist eine lebenslange Aufgabe. Es dient der Findung der eigenen Wahrheit. Der griechische Begriff für Wahrheit sagt genau das: *A-letheia* ist das »Unverborgene«. Das Verborgene darf in die Unverborgenheit entlassen werden. Was zeigt sich da? Etwas sehr Vertrautes und auch Fremdes. Es zeigt sich meine Wahrheit – auch mit ihren Schattenseiten – und etwas darüber hinaus. Wenn man sich auf diese Wahrheit einlässt, findet man Bekanntes und Unbekanntes. Es zeigt sich Dunkles, aber auch eine »Welt« des Lichtes. Die Botschaft des Lichtes kommt aus einer anderen Welt und ist *zugleich* ganz lebensnah. Manchmal entdeckt man diese Botschaft wie zufällig, manchmal weisen Andere darauf hin, manchmal wird man durch eine Krise dahin gedrängt. Mancher entdeckt diese andere Welt nie. Vom Finden dieses »ganz Anderen« handelt dieses Buch.

Gott[6] finden – wie geht das? Da kann man fragen: Warum und wozu soll ich Gott finden? Es geht mir auch ohne Gott sehr gut. Da würde ich sagen: Dann ist es gut. Dann vergiss die Frage. Es kann sogar sein, dass es Dir ohne Gott besser geht. Die Frage ist allerdings, ob derjenige, der Dir als »Gott« vermittelt wurde, nicht doch ein Zerrbild ist. Wenn die Frage nach Gott gestellt wird, geht es nicht um ein religiöses System, das dem Menschen von außen aufgepfropft wird und ihm fremd bleibt, sondern um die Wahrnehmung innerer Erfahrungen, die jeder machen kann und die jedem ganz vertraut sind.

Wenn die Frage nach Gott gestellt wird, geht es nicht um ein religiöses System, sondern um die Wahrnehmung innerer Erfahrungen, die jeder machen kann.

Vielleicht stellen sich angesichts der aktuellen Corona-Krise auch grundsätzliche Fragen nach dem Sinn von Krankheit, Leid, Unordnung und Chaos, nach dem Sinn der Welt und des eigenen Lebens, nach Tod und Endlichkeit des Seins. Oder es werden Erfahrungen gemacht von Mitmenschlichkeit, Hilfsbereitschaft, Solidarität, Liebe, Glück und eine neue Achtsamkeit und Wachsamkeit gegenüber vermeintlichen Selbstverständlichkeiten entsteht. Vielleicht kommt durch die Ereignisse auch eine neue Nachdenklichkeit auf oder sogar eine Sehnsucht, den Dingen auf den Grund zu gehen. Womöglich entsteht eine positive Unruhe, die spüren lässt, dass es noch nicht alles gewesen sein kann mit dieser Welt und den alltäglichen Sorgen.

---

6 Es geht in diesem Buch nicht um bestimmte Gottesvorstellungen oder den Begriff »Gott«. Es geht um Erfahrungen, die jeder machen kann. Deshalb wird im Buch einmal vom Absoluten, einmal vom Seinsgrund, einmal vom Numinosen oder vom »ganz Anderen« gesprochen. Es geht nicht um Begriffe von der Wirklichkeit, sondern um die Wirklichkeit selbst. Begriffe sind oft emotional aufgeladen und können den Blick auf das, was vermittelt werden soll, verstellen. Insofern stimmt der Hinweis aus dem Alten Testament: Du sollst Dir von Gott kein Bild machen.

So geht dieses Buch einen Weg von der Erkenntnis der Natur über die Kenntnis der eigenen Biographie hin zur Wahrnehmung des göttlichen Grundes im eigenen Innersten. Von dort aus geht es wieder zurück in den Alltag mit der Frage, wie man die gewonnenen Erkenntnisse alltäglich umsetzen kann. Ein tieferes »Standfinden« im letzten Grund des Seins kommt vielen zugute: Dem Einzelnen kann es helfen, ein besseres Leben zu führen, es kann dem Gesundheitssystem nützen, weil Menschen womöglich weniger krank werden, der Wirtschaft, da die Menschen am Arbeitsplatz zufriedener sein könnten, und dem Staat, weil Menschen innerlich und äußerlich besser gebildet wären und dadurch zu mündigen Bürgern werden, die die Demokratie mittragen könnten.

So geht dieses Buch einen Weg von der Erkenntnis der Natur über die Kenntnis der eigenen Biographie hin zur Wahrnehmung des göttlichen Grundes im eigenen Innersten.

HINFÜHRUNG

Jeder Mensch ist mit sich selbst allein. Selbst wenn er in Gemeinschaft mit anderen lebt, ist jeder zunächst eine Einzelperson. Die Mitmenschen können helfen, das Alleinsein auszuhalten. Aber auch im Kreis anderer Menschen kann man sehr allein sein und sich einsam fühlen. Alleinsein kann für den, der es aushält, sehr erfüllend sein. Einsamkeit hingegen ist bedrückend und kann krank machen.

Jeder bleibt immer er selbst. Er ist sich zugemutet. Er kann sich nicht entfliehen. Er kann in irgendein Land auswandern und nimmt sich doch immer mit. Er kann nicht aus sich heraus. Er kann sich nicht ausweichen. Er kann mit niemandem tauschen. Manchmal könnte man vor dieser Erkenntnis erschrecken: Ich bin ich. Ich lebe. Ich lebe *mein* Leben, nicht das des Anderen. Ich kann mir nicht entkommen. Niemand kann mir das abnehmen. Ich kann mein Leben nicht abgeben. Ich kann es nur annehmen oder ablehnen. Es ist mir aufgegeben und zugemutet. Wir sind in die Welt hineingeworfen, so ähnlich sagt es der Philosoph Martin Heidegger (1889–1976). Wie kann ich das aushalten? Wie kann ich *mich* aushalten?[7]

Können andere mir bei meiner Lebensbewältigung helfen? Tatsächlich sind wir aufeinander angewiesen. Wir kommen vom Du der Eltern her. Sie haben uns gezeugt. Niemand ist

---

7 Vgl. dazu: Michael Bordt, *Die Kunst sich selbst auszuhalten. Ein Weg zur inneren Freiheit.* Würzburg 2013.

gefragt worden, ob er leben will. Andere haben entschieden, dass ich lebe. Manche finden es gar nicht gut, in dieser Welt zu sein.[8] Jetzt aber bin ich da in dieser Welt. Was *Dasein* heißt, weiß ich, weil ich da bin. Ich bin in meiner Welt, der Andere in seiner Welt. Sind dies abgeschlossene Welten?[9] Jeder in seiner Welt? Wie können wir uns da verständigen? Gibt es Gemeinsames? Gibt es nur meine Welt und die Welt des Anderen, oder gibt es auch eine gemeinsame Welt, die uns verbindet? Eine Welt dahinter oder dazwischen? Eine Welt *für mich*, für den *Anderen* und die Welt *an sich?*

Immanuel Kant (1724–1804) würde sagen, dass die Menschen durch Prinzipien verbunden sind, die dem Ganzen zugrunde liegen. Sicher ist, dass die Welt mir vorausliegt. Sie war schon da, bevor ich kam. Ich muss mich auf sie einstellen. Aber nicht nur die Welt liegt mir voraus, sondern auch Menschen mit den Generationen zuvor bis hin zu meinen Eltern. Von dort her kommen genetische Ausstattungen und psychische Prägungen. Diese Prägungen stammen nicht nur von den Eltern und ihrer Erziehung, sondern auch aus der Kultur, der Religion, der Tradition. Zunächst muss sich jeder in das Vorgegebene einfügen, bevor er beginnen kann, seine Welt und die Welt insgesamt zu gestalten. So wird das Vorgegebene langsam zum Aufgegebenen und zur Aufgabe.

Ich sehe die Welt mit meinen Augen, höre Geräusche mit meinen Ohren, taste mit meinen Fingern, fühle und spüre die Dinge in meinem Leib. Ich weiß gar nicht, wie die Welt »wirklich« ist, ich kenne sie nur durch meine Wahrnehmungen. Das »Ding an sich« können wir nicht erkennen, so hat es Immanuel Kant formuliert. Der Andere hat eine andere Wahrnehmung und einen anderen Zugang zur Welt als ich. Jeder hat seine

---

8 So ein Buchtitel von Emil M. Cioran, *Vom Nachteil, geboren zu sein.* Frankfurt am Main [19]2019.

9 Der Philosoph Gottfried Wilhelm Leibniz (1646–1716) würde vielleicht von Monaden sprechen, die aber bei ihm keine Fenster haben.

Perspektive. Ich kenne die Welt nur so, wie ich sie wahrnehme. Der Andere kennt sie nur so, wie er sie wahrnimmt. Vielleicht kann ich mich mit ihm darüber austauschen, und wir können uns gegenseitig bereichern: meine Sicht, seine Sicht. Ich kann mich auch in ihn hineinversetzen, »in seinen Schuhen gehen«. Aber es bleibt meine Wahrnehmung seines Lebens. Ganz der Andere kann ich nie sein. Während ich die Welt und den Anderen wahrnehme, nehme ich mich wahr, wie ich mich bei einem Gespräch fühle, wie es mir mit den Ereignissen geht, die ich erlebe. Diese Selbstwahrnehmung kann geschult werden. Davon handelt das Buch.

Diese Selbstwahrnehmung kann geschult werden. Davon handelt das Buch.

Ich nehme nicht nur die Welt und mich in dieser Welt wahr, sondern auch andere Menschen. Ich nehme sie wahr, sie nehmen mich wahr. Wie kann man sich da verständigen? Wie komme ich aus mir heraus? Wie werde ich befreit aus meiner »Ich-Verfangenheit«? Zunächst ist es der Andere, der mich infrage stellt oder auch bereichert. Die Auseinandersetzung mit dem Anderen und den Ereignissen der Welt sind eine Anfrage an mich. Aber beide – der Andere und die Ereignisse – sind auch ein Gewinn. Der Andere führt mich über mich selbst hinaus, er zeigt mir andere Perspektiven auf, er erweitert meinen Blick. Es kommt zum Dialog. Und die Ereignisse fordern mich heraus.

Man merkt oft erst in der Einsamkeit, dass da etwas fehlt, nämlich der Andere. Lerne ich mich erst durch den Anderen kennen? In jedem Fall gibt es die Sehnsucht, sich mit dem Anderen auszutauschen. Das hat die Corona-Krise gezeigt. Die Menschen wurden in die Isolation geschickt, um die Ausbreitung des Virus zu verlangsamen. Und doch haben sich viele bemüht, Kontakte über Telefon, Handy oder Computer aufrechtzuerhalten. Viele lernten auch neu, dem Anderen zuzuhören. Bei Video-Konferenzen können nicht alle gleichzeitig sprechen.

So gibt es verschiedene Herausforderungen: Einerseits stehen wir im Austausch mit anderen Menschen, sonst könnten wir gar nicht überleben, und andererseits müssen wir lernen, es mit uns selbst auszuhalten.

Verständigung mit anderen Menschen vollzieht sich zunächst nonverbal zwischen Eltern und kleinsten Kindern, später auch mithilfe von Worten und Begriffen. Kinder können die Dinge anfassen und mit den Händen begreifen, später müssen sie die Welt geistig begreifen und das Begriffene auf den Begriff bringen. Wir sprechen mit Worten, wir haben etwas zu sagen. Durch das Wort ereignet sich etwas. Durch das Sprechen geben wir nicht nur Informationen weiter, sondern teilen uns als Person mit. Dadurch geben wir immer auch etwas von uns selbst preis. Alles Sprechen und Handeln ist zudem von Emotionen begleitet.

Das heißt allerdings noch nicht, dass der eine Mensch den anderen Menschen auch versteht. Dieser kann das gesprochene Wort akustisch hören, und es inhaltlich doch nicht verstehen. Daher muss man bezüglich des Inhalts manchmal nachfragen: Habe ich dich richtig verstanden, dass du das sagen wolltest? Wenn der Andere das bestätigt, kann man darauf antworten. Diese Art und Weise der Gesprächsführung würde viele Missverständnisse vermeiden helfen: Erst fragen, ob ich den Anderen verstanden habe, und ihm dann antworten. Es geht nicht nur darum, den Inhalt dessen zu verstehen, was der Andere sagt, sondern auch um das, *wie* er es sagt und *wie* er sich als Person darin ausdrückt. Er spricht sich als Mensch in seinen Worten aus, aber auch in und mit seinen Emotionen, Gesten, Blicken und inneren Haltungen. Erst wenn Menschen sich in dieser Ganzheit von Wort und innerem Wesen miteinander verständigen können, kommt es zu wirklicher Begegnung. Wenn dies nicht geschieht, kommt es statt zu einer Begegnung oft zu einer »Ver-gegnung«, wie Martin Buber (1878–1965) das genannt hat.

Aus welchen Gründen können und möchten sich Menschen gut verstehen? Zunächst einmal will jeder vom Anderen angenommen werden. Dann kann es sein, dass Menschen beruflich miteinander zu tun haben, gemeinsame Hobbies pflegen, zusammen Kinder großziehen oder einfach gerne miteinander Zeit verbringen. Aristoteles (384–322 v. Chr.) hat diese verschiedenen Ebenen anhand von Freundschaften beschrieben[10]: Es gibt Freundschaften, die man pflegt, weil man einen Nutzen davon hat oder wegen der gemeinsamen Lusterfahrung, oder – als höchste Form – weil es einem um die Freundschaft als Freundschaft geht.[11] Man will mit dem Anderen befreundet sein, weil man mit ihm zusammensein will. Mit diesen Menschen will man sein Leben teilen und um des Zusammenseins willens zusammensein, ohne weitere Zwecke damit zu verbinden.

Das Christentum sagt darüber hinaus, dass es darum gehe, den Anderen *um seiner selbst willen* zu lieben, ohne weitere Bedingungen.

Immanuel Kant spricht davon, dass es darum gehe, den Anderen *um seiner selbst willen* zu achten. Er entwickelt dies im Zusammenhang mit dem Begriff der Menschenwürde. Das Christentum sagt darüber hinaus, dass es darum gehe, den Anderen *um seiner selbst willen* zu lieben, ohne weitere Bedingungen. Man soll den Anderen nicht (vollständig) verzwecken. Allerdings weiß jeder, dass es in Beziehungen immer wieder geschehen kann, dass der Eine mit dem Anderen berechnend umgeht.[12]

---

10 Vgl. Aristoteles, Nikomachische Ethik (übers. und hrsg. von U. Wolf), Reinbek b. Hamburg [2]2008, 8. und 9. Buch.

11 Vgl. dazu auch Michael Bordt, *Die Kunst, sich selbst zu verstehen. Den Weg ins eigene Leben finden,* Elisabeth Sandmann München 2015.

12 Zur Frage des berechnenden Umgangs mit anderen Menschen würde Johann Wolfgang von Goethe sagen: »Man merkt die Absicht und man ist verstimmt.« Biblisch heißt das: »Selig, die ein reines Herz haben, denn sie werden Gott schauen.« Ein reines Herz zu haben, heißt nicht, naiv oder gar dumm zu sein, sondern ohne Hintergedanken und Manipulation zu handeln. Das reine Herz kann durchaus sehr klug sein.

Das Berechnende stört das Vertrauen zwischen Menschen. Der Andere wird nicht mehr um seiner selbst willen angenommen, sondern nur unter bestimmten Bedingungen. Diese muss er erfüllen. Dadurch wird das Verständnis füreinander abnehmen. Daher muss man an Freundschaften arbeiten. Sonst passiert es, dass man einander nicht mehr versteht, sich auseinanderlebt und womöglich auseinandergeht. Es gibt ein wohlwollend-liebendes Miteinander, aber auch das Gegenteil davon: Streit, Hass und Verachtung.

Die Frage ist, ob es so etwas wie das »Um seiner selbst willen« oder »Aus sich selbst heraus« überhaupt gibt, oder ob nicht alles einer Berechnung unterliegt. Im alltäglichen Leben mag vieles dem Kalkül unterliegen. Die Frage ist aber, ob das schon alles ist. Denn wenn wir in diesem Buch auf die Suche nach dem Absoluten gehen, dann suchen wir nach Phänomenen, die diesem »Um seiner selbst willen« oder dem »Aus sich selbst heraus« entsprechen. Um bei Letzterem zu bleiben: Allein dasjenige (oder derjenige), das (oder der) durch nichts Anderes geworden ist, sondern aus sich selbst heraus *ist* (nicht *geworden* ist), ist das Göttliche – wenn es das überhaupt »gibt«. Doch wenn es das gibt, kommt es nicht von woanders her, sondern *ist* aus sich selbst heraus: ohne Raum, ohne Zeit, ewig. Es ist in diesem Sinne das Selbstverständliche, das sich *aus sich selbst heraus* versteht und aus sich selbst heraus *ist* und den Anderen um seiner selbst willen annimmt.

Wir suchen nach Phänomenen, die diesem »um seiner selbst willen« oder dem »aus sich selbst heraus« entsprechen.

Wenn es so sein sollte, dass das Göttliche aus sich selbst heraus ist, dann ist die Frage, *warum* es aus sich selbst heraus ist, sinnlos. Das »Aus-sich-selbst-heraus-Seiende« kann nicht durch etwas Anderes begründet werden. Es begründet sich selbst, es ist, was es ist, es erklärt sich aus sich selbst heraus. Es ist wie ein mathematisches Axiom, das auch nicht mehr durch etwas

Anderes erklärt werden kann. Das »Aus-sich-selbst-heraus-Sein« kann dann etwas Anderes, von sich Unterschiedenes, aus sich entlassen. Sollte am Anfang eine Energie gewesen sein, dann stellt sich sofort die Frage, woher diese Energie stammt. Da besagt das Wort »En-ergie« etwas Treffendes: *En-ergeia* bedeutet im Griechischen: etwas ins Werk setzen. Das kommt in die Nähe dessen, was christliche Theologie als Schöpfung bezeichnet. Die Energie kann etwas ins Werk setzen, sie kann aber sich selbst nicht ins Werk setzen, sie kommt von woanders her. Zusammengefasst: Alles innerweltlich Endliche ist von einem Anderem her. Allein das Göttliche *ist aus sich selbst heraus* und nicht von etwas Anderem her. Es kann aus dem Nichts etwas schaffen (»creatio ex nihilo«).

1

DIE ORDNUNG IN DER NATUR UND IM MENSCHEN

DAS GROSSE »VON-SELBST«

Kosmos und Natur

Wie immer der Kosmos auch entstanden ist: durch »Zufall«, aus einer Energie, durch den Urknall oder durch einen Schöpfungsakt. Logisch einsichtig scheint zu sein, dass das Nichts nicht »knallt«. Wo nichts ist, knallt auch nichts. Aus dem Nichts kann nichts werden. Es sei denn, ein Schöpfer kann aus nichts etwas machen *(creatio ex nihilo)*. Evident ist, dass der Kosmos da ist und sich seit seiner Entstehung in einem ständigen Entwicklungs- und Werdeprozess befindet. Der Kosmos dehnt sich bis heute aus. Sagen wir, er wäre mit dem Urknall entstanden (einige Forscher bezweifeln diese These), dann dehnt er sich seit etwa 14 Milliarden Jahren bis heute kontinuierlich aus: und zwar teilweise mit einer größeren Geschwindigkeit als mit der Lichtgeschwindigkeit, und das sind circa 300.000 Kilometer pro Sekunde. Eine gigantische Dimension. Dieser Prozess geschieht »von selbst«. Der Mensch hat ihn nicht in Gang gesetzt, er kann ihn nicht machen und ihn auch nicht aufhalten. Wenn jemand fragen würde, warum das geschehe, könnte man ihm wohl keine Antwort geben. Die Welt ist einfach entstanden.

Andere würden vielleicht sagen, jemand habe sie in Gang gesetzt, geschaffen. Das könnte eine plausible Antwort sein, muss es aber nicht. Andere Erklärungsversuche sagen: Der Anfang bleibt im Dunklen.

Die Planeten haben ihre Bahnen. In den Millionen von Galaxien zeigt sich eine große Ordnung, sonst würde das System kollabieren. Die Gravitationskraft spielt für die Bahnen der Himmelskörper eine zentrale Rolle. Diese Ordnung ist nicht starr vorgegeben, sondern flexibel. Innerhalb der Ordnung gibt es auch Unordnung, Chaos und Zufall. Aber eben nur *innerhalb* der Ordnung. Wäre alles Zufall, gäbe es den Zufall nicht, und die Welt könnte nicht existieren. Wenn die Sonne zufällig einmal im Osten, einmal im Süden, im Norden oder Westen aufginge, wäre zumindest unser Sonnensystem nicht mehr existent.

Die Sonne geht im Osten auf. Das heißt, sie geht gar nicht auf, sondern es sieht nur so aus. Wir wissen heute, dass sie im Bezug zur Erde stillsteht und die Erde sich um sie dreht. Kosmologisch – und letztlich auch theologisch – ist es sinnvoll, dass die Sonne im Mittelpunkt des Sonnensystems steht und nicht die dunkle Erde. Das war der Paradigmenwechsel vom geozentrischen Weltbild (mit der Erde im Mittelpunkt) zum heliozentrischen (mit der Sonne im Mittelpunkt). Die Sonne »erleuchtet« die Welt. Sie gibt der Erde Licht und Wärme. Ohne Licht gibt es kein höherentwickeltes Leben: Pflanzen, Tiere und Menschen brauchen dieses Licht und auch eine bestimmte Temperatur, dazu den angemessenen Luftdruck und ein passendes Klima.

Die Sonne scheint immer, auch wenn sie hinter den Wolken oder nachts nicht zu sehen ist. Sie scheint »von selbst«. Niemand schaltet sie ein oder aus. Durch die Erddrehung sind immer Teile der Erde im Schatten. Der Schatten, den wir Nacht nennen, ist jene Seite der Erde, die sich von der Sonne weggedreht und »abgewendet« hat. Der Schatten kommt durch das Licht zustande. Ohne Licht gibt es keinen Schatten. Wenn alles dunkel ist, gibt es keinen Schatten. Der Schatten deutet auf das Licht hin. Der Schatten und das Dunkle sind dort, wo das Licht nicht hinkommt. So ist es jedenfalls kosmologisch. Die Sonne ist immer da und scheint, sie verschwindet nicht, sie kann gar nicht verschwinden. Es sei denn, das Ende der Welt wäre gekommen. Physiker und Astronomen sagen, dass der Energievorrat der Sonne begrenzt ist und sie ein Ende haben wird, selbst wenn es erst in Milliarden von Jahren der Fall sein wird. Das wäre auch das Ende des Lebens auf der Erde.

Die Erde ist ein kleiner Teil dieses riesigen Sonnensystems und ein verschwindend geringer des gesamten Kosmos. Astronauten sagen, die Erde sei von außen betrachtet wunderschön und wirke sehr zerbrechlich. Bilder aus dem Weltraum bestätigen das. Bislang ist die Erde der einzige Planet, von dem wir wissen, dass auf ihm Leben in dieser komplexen Weise existiert. Dazu braucht es die Sonne als Licht-, Wärme- und Energiespender, es braucht Wasser, unter anderem, damit die Pflanzen Photosynthese betreiben können. Pflanzen sind eine besondere Grundlage des Lebens. Der grüne Blattfarbstoff Chlorophyll verwandelt Sonne, Wasser und Kohlendioxid in Stärke, also in Zuckermoleküle, die sich in der Pflanze, in Bäumen oder im Gras anreichern. Kühe und andere Tiere können dann zum Beispiel das Gras fressen (Menschen nicht, weil ihnen bestimmte Enzyme fehlen) und beziehen daraus Energie für ihr Leben. Menschen können andere Pflanzen oder auch Tiere essen. So ergibt sich folgende Kaskade: Sonnenenergie wird in Lebensenergie der Pflanze verwandelt (Stärke, Zucker) und diese liefert die Energie für Tiere und Menschen.

Interessant für die gesamte Ordnung der Welt ist, dass Pflanzen Kohlendioxid (CO_2) aufnehmen und Sauerstoff (O_2) abgeben, während der Mensch O_2 aufnimmt und CO_2 abgibt. Es sieht so aus, als hätte die Welt nicht nur eine Ordnung, sondern auch eine große innere Logik. Diese Logik drückt sich in den Naturgesetzen aus, die der Mensch nicht gemacht hat, die er aber erforschen kann. Die »Bio-logie« erforscht diese Logik des Lebens. Die Ordnung des Lebens ist Voraussetzung dafür, dass Leben existieren und dass Naturwissenschaft betrieben werden kann. Wäre die Welt nicht geordnet, könnte man in China nicht dieselbe Forschung betreiben wie in Europa. Umgekehrt: Naturwissenschaftliche Forschung kann weltweit nur betrieben werden, weil die Naturgesetze überall auf der Welt gelten. Dies erklärt den Siegeszug der Naturwissenschaften, dass sie eben auf der ganzen Welt betrieben und ihre Ergebnisse in internationalen Journalen publiziert werden können.

Zusammengefasst: Der Kosmos ist nicht aus sich selbst heraus. Er kommt von woanders her. Er ist einfach entstanden oder geschaffen worden, jeder mag hier seine Perspektive einbringen und für sich schauen, ob diese Sicht logisch begründbar ist. Aus nichts wird nichts, das Nichts knallt nicht, das scheint evident zu sein. Die Griechen meinten noch, der Kosmos sei ewig. Das scheint naturwissenschaftlich-kosmologisch widerlegt zu sein. Der Kosmos und die Erde (als ein Teil von ihm) haben einen Anfang und werden auch ein Ende haben. Er unterliegt einem Entwicklungs- und Werdeprozess, das ist das Anzeichen von Endlichkeit in Raum und Zeit. Er trägt das Phänomen des »Von-Selbst« in sich: Planetenbahnen, Sonnenschein, Regen, Wetter, Klima geschehen von selbst, der Mensch kann diese Prozesse nicht machen, aber teilweise beeinflussen und die natürlichen Abläufe gravierend verändern. Selbst vermeintlich kleine Temperaturschwankungen von ein bis zwei Grad können verheerende Folgen für das Klima auf der Erde habe. Daran erkennt man, wie fein abgestimmt dieser ganze Prozess ist. Es ist keineswegs selbstverständlich, dass er überhaupt funktioniert.

Organismus und Mensch

Auch im menschlichen Organismus gibt es diese Ordnung. Da ist zunächst die Ordnung der Natur und des Lebendigen, in der vieles von selbst abläuft. Der Organismus organisiert sich dabei von selbst: Das Herz schlägt von selbst, die Leber entgiftet den Körper, auch die anderen Organe funktionieren von selbst. Diese Ordnung beginnt sogar schon viel früher: bei der Befruchtung. Hier finden männliche Samen und weibliche Eizelle *von selbst* zueinander. Wahrscheinlich durch einen Vorgang, den man Chemotaxis nennt. Die Eizelle lockt die Spermien durch Duftstoffe an, ein Spermium dringt dann in die Eizelle ein. Wenn dieser Mechanismus nicht funktioniert, findet keine Befruchtung statt. Sollte ein Spermium z.B. aufgrund möglicher genetischer Schäden nicht in der Lage sein, die dicke Hülle der Eizelle zu durchbrechen, findet ebenfalls keine Befruchtung statt.

Der Embryo wächst *von selbst* heran: zwei Zellen, vier Zellen, acht Zellen. Aristoteles nennt das die *Selbst*bewegung des Lebendigen. Es ist ein dynamischer Entfaltungsprozess: Aus wenigen Zellen entwickelt sich von innen heraus ein ganzer Organismus. Die Zellen differenzieren sich beim Menschen ab dem fünften Tag der Embryonalentwicklung in circa 220 verschiedene Zelltypen. Auch diese Zelldifferenzierung geschieht *von selbst*. Der Organismus als Ganzer steuert den Prozess. Man spricht von der »Selbstorganisation des Organismus«.

Die Zelldifferenzierung geschieht durch sogenannte epigenetische Einflüsse. Diese aktivieren oder inaktivieren Gene. Jede Zelle (mit einigen Ausnahmen) hat dieselbe genetische Grundausstattung und die verschiedenen Zelltypen kommen durch An- oder Abschalten von Genen zustande. Das ist beim Embryo so und später haben auch der Lebensstil, die Umwelt und die Innenwelt des Menschen mit seinem Denken und Fühlen Einfluss auf diese Schaltprozesse. Das bedeutet, dass die Information im Organismus ein »dialogisches« Geschehen zwischen Genetik und Epigenetik darstellt. Diesem Dialog liegt die Ganzheit des Organismus zugrunde. Das Ganze ist mehr als die Summe seiner Teile oder sogar etwas ganz anderes[13]: der eine Organismus in der Verschiedenheit der Verschaltungsebenen.

---

13 So interpretiert der Physiker Herbert Pietschmann die Grundaussage von Aristoteles.

Das »Von-Selbst« geschieht auch auf anderen Ebenen: Ab der vierten Schwangerschaftswoche fängt ein bestimmter Zelltypus von selbst »zu zucken« an. Er tut das dann circa siebzigmal in der Minute und – wenn es gut geht – achtzig oder neunzig Jahre lang. Es sind dies die Herzzellen. Das Herz schlägt von selbst. Auch andere Systeme des Organismus funktionieren von selbst: Das Immunsystem, das Verdauungssystem, die Atmung, die Reparaturmechanismen von Zellen und Geweben. Ohne ein gut funktionierendes Immunsystem, das Bakterien, Viren und andere Fremdstoffe abwehrt, können wir nicht überleben. Das Infektionsgeschehen mit Corona-Viren angesichts der gerade aktuellen Corona-Pandemie zeigt es: Hier reagiert das Immunsystem manchmal zu stark und wendet sich gegen den eigenen Körper. Auch die Sinne funktionieren von selbst: Augen »sehen«, Ohren »hören«, Finger tasten von selbst. Genau genommen sehen nicht die Augen, sondern der Mensch sieht mit Hilfe der Augen, hört mit Hilfe der Ohren und tastet mit Hilfe der Finger.

Zusammengefasst: Auf der Suche nach Phänomenen, die auf einen absoluten Seinsgrund oder etwas Göttliches hindeuten könnten, wurden Phänomene der Ordnung und des »Von selbst« im Kosmos und im Organismus beschrieben. Die erste Frage ist die von Gottfried Wilhelm Leibniz (1646–1716), warum die Welt überhaupt ist und nicht vielmehr nichts, die zweite ist jene, woher denn die Naturgesetze kommen und als Drittes ist die Beobachtung festzuhalten, dass die Prozesse der Natur weithin von selbst ablaufen, wenn sie nicht vom Menschen zerstört werden. Je nach Perspektive kann man nun sagen, dass das so ist und nicht weiter begründet werden kann, oder man kann zurückgehen auf einen letzten Seinsgrund, aus dem alles entsprungen ist. Dies könnte man dann als Schöpfung bezeichnen. Will man zurückgreifen auf alte Schöpfungsmythen, also Geschichten von der Schöpfung

Ob diese Ordnung und der Logos auch im menschlichen Geist anzutreffen sind.

im Alten Testament, dann heißt es dort: Die Erde war wüst und leer, es herrschte Chaos (Tohuwabohu), der Geist Gottes schwebte über den Wassern und schuf aus dem Chaos Ordnung und Kosmos. Hier wurde also eine ordnende Kraft angenommen und ein Logos, der den Naturgesetzen vorausgesetzt ist. Im Folgenden wollen wir hinschauen, ob diese Ordnung und der Logos auch im menschlichen Geist anzutreffen sind.

DIE ORDNUNG DES GEISTES – ASYMMETRIE DER WELT

Will man sich dem menschlichen Geist und damit auch dem Innenleben des Menschen zuwenden, stößt man auf Gedanken und Gefühle. Es geht dabei darum, Gedanken und Gefühle im Inneren wahrzunehmen und sie zu ordnen. Was die Gedanken betrifft, so kann man z. B. darauf achten, logisch zu denken und sich nicht in Widersprüche zu verwickeln. Dass dieses widerspruchsfreie Denken möglich ist, liegt daran, dass der menschliche Geist schon eine Ordnung in sich trägt. Eine erste Form dieser Ordnung des Geistes zeigt sich in der Asymmetrie der Welt. Zu den Gefühlen kommen wir später.

Die Asymmetrie besteht darin, dass die Lüge die Abweichung von der Wahrheit ist und nicht umgekehrt. Das Unrecht ist die Abweichung vom Recht, das Unglück die Abweichung vom Glück, Krankheit die Abweichung von Gesundheit und nicht umgekehrt. Die Orientierung geschieht am Positiven. Es ist der Maßstab der Beurteilung, sonst könnten wir uns in der Welt gar nicht zurechtfinden. Die Wahrheit ist Anzeichen ihrer selbst und des Gegenteils, so heißt es bei Thomas von Aquin (1225–1274). Wenn man fragt, warum das so ist, kann man wohl wiederum keine Antwort geben außer jener, dass dies daher kommt, weil die Welt so eingerichtet ist. Es gibt Phänomene, die aus sich selbst heraus einsichtig sind, ohne eigens begründet werden zu können, wie eben Axiome in der Mathematik.

Denken kann man nur mit Worten. Worte drücken etwas aus, was in Begriffe gefasst werden kann. Begriffe bilden Wirklichkeit ab und weisen gleichzeitig über sich hinaus. Wenn jemand sagt, dass er krank sei, hat er eine Vorstellung von Gesundheit. Wenn jemand sagt, etwas sei ungerecht, hat er zumindest eine Ahnung von Gerechtigkeit. Vom Negativen aus kann man sich dem Phänomen oft besser nähern, als wenn man eindeutig definieren will, was nun Gerechtigkeit, Glück oder Gesundheit ist. Große Phänomene wie Liebe, Wahrheit, Gerechtigkeit kann man nicht eindeutig fassen. Gleichzeitig haben die »negativen« Begriffe wie Ungerechtigkeit, Unglück, Krankheit auch eine ethische Komponente: Sie besagen implizit, dass eigentlich Gerechtigkeit, Glück und Gesundheit die Normalität sein sollten. Noch einmal anders ausgedrückt: Der Begriff »blind« besagt, dass ein Mensch eigentlich sehen können sollte. Ihm fehlt etwas, er hat einen Mangel. So fragte ein Arzt früher seinen Patienten: Was fehlt ihnen? Der Patient könnte dann sagen: Ich weiß es nicht genau, was mir fehlt, aber ich fühle mich krank, mir fehlt Gesundheit. Es handelt sich um einen Mangel. Im Zusammenhang mit der Ethik sagt Thomas von Aquin, dass das Böse ein Mangel an Gutem sei. Man könnte auch sagen, dass das Böse das pervertierte Gute sei. Es zieht die Kraft aus dem Guten und verdreht (pervertiert) es dann.

Es gibt ein Reich der Natur, das sich weithin von selbst organisiert, und ein Reich der Freiheit, das mit Entscheidungen des Menschen zu tun hat.

Während Naturprozesse – wie schon gesagt – von selbst ablaufen, muss man sich zur Ordnung des Geistes aktiv verhalten. Man kann der Wahrheit zustimmen, oder sie ablehnen. Man kann lügen und ungerecht handeln. Hier kommt die Freiheit des Menschen ins Spiel und mit dieser Freiheit die Verantwortung. Es gibt ein Reich der Natur, das sich weithin von selbst organisiert, und ein Reich der Freiheit, das mit Entscheidungen des

Menschen zu tun hat. Der Mensch orientiert sich dabei am Positiven und muss sich entscheiden, ob er diesem Guten folgen will oder nicht.

Das Streben nach Wahrheit und Erkenntnis ist ein Grundphänomen des menschlichen Geistes. Alle Menschen streben von Natur aus nach Wissen«, so hat es Aristoteles formuliert.[14] Menschen wollen wissen, wie sich die Dinge verhalten, wie sie wirklich sind. Dieses Wissenwollen ist letztlich die Suche nach der Wahrheit. Auch der Naturwissenschaftler sucht implizit nach der Wahrheit, wenn er wissen will, wie sich die Dinge verhalten. Allerdings findet er immer nur partielle innerweltliche »Wahrheiten«, nicht die ganze Wahrheit.

Der Mensch kann nicht nur über die Phänomene der Welt nachdenken und nach der Wahrheit draußen suchen, sondern er kann sich auch über sein eigenes Leben Gedanken machen und nach der eigenen Wahrheit suchen. Er kann sogar darüber nachdenken, dass er über sich nachdenkt. Er hat diese Möglichkeit zur doppelten Reflexion. Reflexion kommt vom lateinischen Wort *reflectere* und das heißt: sich nach innen beugen. Dieses »Sich-nach-innen-Beugen« kann bedeuten, über sich nachzudenken, es kann aber auch heißen, sich zu sammeln, still zu werden, zu meditieren oder zu beten. Es kann weiterhin meinen, darauf achtzugeben, was in mir vorgeht, welche Gedanken, Worte und Gefühle in mir aufsteigen. Der Einzelne kann die Welt draußen wahrnehmen und auch sich selbst. Er kann auf die Suche nach sich selbst gehen. Diese persönliche Wahrheitssuche spitzt sich zu in der Frage, wer ich

Diese persönliche Wahrheitssuche spitzt sich zu in der Frage, wer ich »in Wirklichkeit« bin. Dies ist ein lebenslanger Prozess. Es ist ein Weg der »Selbstentdeckung«.

14 Aristoteles, Metaphysik, I. Buch 980a.

»in Wirklichkeit« bin. Dies ist ein lebenslanger Prozess. Es ist ein Weg der »Selbstentdeckung«.

Diese Selbstentdeckung geht Hand in Hand mit der Entdeckung des Anderen und der Entdeckung der Welt. Der Begriff sagt es bereits: Es ist eine »Ent-deckung«, also ein schrittweises Wegziehen der Decke, die zunächst etwas zugedeckt hat. Dieser Begriff der Entdeckung zielt auf den griechischen Begriff von Wahrheit ab: *A-letheia*, die »Un-verborgenheit«. Das Verborgene kann schrittweise ans Licht treten und entdeckt werden. Zum einen geht es von selbst, zum anderen kann sich Mensch dazu entscheiden. In einem wunderbaren Wort hat der Kirchenlehrer Augustinus von Hippo (354–430) das so ausgedrückt: Die Wahrheit bricht sich Bahn. Dem, der sich ihr öffnet, eröffnet sie sich, dem, der sich ihr verschließt, verschließt sie sich.

Das heißt einerseits, dass sich die Wahrheit *von sich aus* langsam im Leben Bahn bricht, und andererseits, dass sich der Einzelne aktiv an diesem Wahrheitsfindungs- und Selbsterkennungsprozess beteiligen kann. Weiterhin bedeutet es, dass diese Wahrheit nicht nur einen momentanen Zustand des Menschen abbildet, sondern einen Weg der Wahrheitsfindung beschreibt. In Anlehnung an Begrifflichkeiten des Philosophen Martin Heidegger kann man diesen Prozess der Wahrheitsfindung auch als »Wahrheitung« bezeichnen, oder mit einem Verb ausdrücken: Es »wahrheitet«, es »be-wahrheit-et« sich. Die Wahrheit kann sich im Leben zeigen und bewahrheiten, das heißt, sie kann sich als richtig erweisen. Jede »kleine Wahrheit« kann dabei den Weg zur »ganzen Wahrheit« immer mehr eröffnen. Manchmal kommt die Wahrheit von selbst ans Licht, dann wieder sucht der Mensch nach ihr. Manchmal allerdings bringt der Mensch der ans Licht drängenden Wahrheit auch Widerstand entgegen.

Das liegt daran, dass diese Wahrheit über das eigene Leben nicht immer angenehm ist. Sie lässt den Einzelnen die eigenen Schwächen, Ängste, Sorgen und Unvollkommenheiten unverstellt sehen. Der Mensch kann diese Schwachstellen besser annehmen, wenn er sich von einem letzten Seinsgrund unbedingt angenommen und in ihm geborgen weiß. In dem Ausmaß, in dem er sich sicher ist, angenommen zu sein, kann sein Vertrauen ins Leben wachsen. Selbstannahme ist hier ein anderes Wort für Selbstliebe. Selbstannahme und »Selbst-Wahrheit« im Sinne von Ehrlichkeit sich selbst gegenüber machen den Menschen frei. Er braucht dazu das notwendige Vertrauen, sich seiner Wahrheit stellen zu dürfen. Wahrheit in diesem Sinne ist keine tote philosophische Buchwahrheit, sondern eine lebendig wirkende Wahrheit im Menschen, die sich Stück für Stück zeigt und der sich der Menschen immer mehr öffnen kann. Dies ist ein dialogisches Geschehen. Je mehr der Mensch bereit ist, sich vertrauensvoll seiner eigenen Wahrheit und der Wahrheit »hinter allem« zu öffnen, desto mehr Klarheit gewinnt er über das eigene Leben.

Der Mensch kann diese Schwachstellen besser annehmen, wenn er sich von einem letzten Seinsgrund unbedingt angenommen und in ihm geborgen weiß.

Gehen wir noch einmal einen Schritt zurück und nehmen eine andere Perspektive ein: Schon das kleine Kind strebt nach Erkenntnis, indem es Dinge anfasst und begreifen will. Es will wissen, wie die Welt ist. Es will aber auch wissen, wer es selbst ist. Es kommt ja gewissermaßen aus der Fremde zu sich selbst zurück. Eltern haben es gezeugt, es spricht zunächst so über sich, wie die Eltern über ihr Kind sprechen: »Hans Auto putt gemacht«. Erst mit der Zeit lernt es »Ich« zu sagen. Dieses Wissen- und Erkennen-Wollen geschieht im Alltag. Je nach Interesse will das Kind oder der Jugendliche genauer wissen, wie sich die Dinge verhalten. Dieses »Wissen-Wollen« kann sich später in einer Lehre oder einem Studium fortsetzen, indem der Erwachsene zu erkennen versucht, *wie* die Phänomene zusammengehören und welche (Natur-)Gesetze in ihnen wirken. So entwickelt sich schrittweise ein tieferes Verständnis für die

Dinge. Womöglich geht das Wissen-Wollen weiter bis hinein in die Philosophie, die danach fragt, *warum* die Dinge überhaupt sind (Leibniz). Schließlich kann dieses Wissen-Wollen auch in theologische Fragen münden, die nach den »ersten und letzten Dingen« fragen: Was war vor der Erschaffung der Welt und was ist nach dem Tod, warum gibt es das Leid, was ist der Sinn meines Lebens und wer bin ich?

Eine gute Theologie sollte den Menschen zu diesem Weiterfragen ermutigen.

Wer immer weiter fragt und nach tieferen »Be-*gründ*-ungen« sucht, kommt schließlich auf einen letzten *Grund*. Diesen letzten Grund nennen alle Gott, so hat es Thomas von Aquin für das Christentum formuliert, aber jeder ihn nennen, wie er mag. *Im* Weiterfragen zeigt sich, dass der Mensch implizit nach diesem letzten Grund Ausschau hält, und sich fragt, was die Welt im Innersten zusammenhält, wie es der Dichter Johann Wolfgang von Goethe (1749–1832) formuliert hat. Die Fragen drängen den Menschen immer weiter nach vorne. Eine gute Theologie sollte den Menschen zu diesem Weiterfragen ermutigen und ihm helfen, weiterzufragen nach den letzten Gründen des Seins. Diese Form des Weiterfragens könnte schon Kindern beigebracht werden, anstatt ihnen zu sagen: Fragt nicht so viel. Es wäre pädagogisch wichtig, das Neugierde-Verhalten und das Interesse von Kindern zu stärken und sie zum Weiterfragen zu ermutigen. Sie könnten so womöglich zu einem Staunen über die Welt und das eigene Dasein gelangen. So hat es jedenfalls Immanuel Kant zusammengefasst: Was mich am meisten fasziniert, ist der bestirnte Himmel über mir und das moralische Gesetz in mir.[15]

Das Weiterfragen hängt damit zusammen, dass der Mensch von seiner Geiststruktur her nach Erkenntnis sucht und auf das

---

15 Vgl. Immanuel Kant, Kritik der praktischen Vernunft, Kapitel 34, Beschluß. 1788.

Absolute hin ausgerichtet ist. Er kann das Relative nur als relativ erkennen, weil er immer schon im Raum des Absoluten steht. So hat es der Philosoph Georg Wilhelm Friedrich Hegel (1770–1831) formuliert. Der nach Erkenntnis Strebende findet in allem Endlichen ein »Zuwenig« und strebt darüber hinaus. Das Absolute – so hatten wir gesagt – ist *in* den Phänomenen der Welt und im Weiterfragen zu finden. Es kann durch Reflexion ans Licht geholt werden. Es ist als Grund von allem immer da und *in* allem gegenwärtig. Man kann es durch Weiterfragen finden, aber es kann sich auch von selbst in anderer Weise zeigen.

Der absolute Geist – ein personaler Gott?

Man kann fragen, was dieses Absolute ist. Wir hatten schon darauf hingewiesen, dass es sich *implizit in den relativen Dingen* zeigt und gleichzeitig über sie hinausweist. Man kann aber auch anders fragen, ob nämlich dieses Absolute sich nicht auch *ausdrücklich von sich aus* zeigen kann. Das Absolute hätte in diesem Fall einen »dialogischen«, eher »trialogischen« Charakter: in den Dingen, in jedem Menschen, als letzter Grund des Seins und als Gegenüber. Es könnte »Es-haft« sein wie ein Schicksal, das die Welt und den Menschen bestimmt, es könnte »Du-haft« sein wie ein personales Gegenüber[16] (Jahwe, Gott, Allah) oder eine »a-personal« unbestimmte Größe sein, wie sie in asiatischen Religionen zu finden ist. Die Suche nach diesem Absoluten kann für den Menschen so lange von Unruhe begleitet sein, bis er es gefunden hat. »Unruhig ist unser Herz, bis es ruhet in Dir«, schreibt Augustinus. Dieses Suchen ist *ein* Motor für alles Streben. Der Mensch findet in allem ein »Zuwenig« und strebt darüber hinaus. Er überschreitet sich um ein Unendliches, wie es Blaise Pascal formuliert hat. Er strebt nach mehr.

---

16 An dieser Vorstellung wird immer wieder Zweifel angemeldet, vgl. z.B. Christian Kummer, An Gott als Person glauben? Eine Spurensicherung. Matthias Grünewald 2019.

Dieses »Mehr« kann ein »Mehr-Haben« oder ein »Mehr-Sein« sein.[17] Dieses Mehr-Haben könnte mehr Geld, mehr Erfolg, mehr Macht, mehr Wissen bedeuten oder das »Höher-Schneller-Weiter« des Sports. Das Mehr-Sein hingegen bezieht sich auf mehr Wahrhaftigkeit, mehr Ehrlichkeit, mehr Authentizität, mehr innere Stimmigkeit, mehr »In-sich-Ruhen«, mehr inneren Frieden, mehr Liebe. Im Sein findet der Mensch etwas Bleibendes, während das Haben letztlich vergeht. Das Haben kann einem genommen werden, das Sein aufs Ganze gesehen nicht.

Der Mensch findet in allem ein »Zuwenig« und strebt darüber hinaus. Er überschreitet sich um ein Unendliches, wie es Blaise Pascal formuliert hat. Er strebt nach mehr.

Das Absolute kann sich – so jedenfalls die Auffassung des Judentums und später des Christentums – aus sich selbst heraus als ein personales Gegenüber der Welt zeigen. Dieses »In-Erscheinung-Treten« des Absoluten und Numinosen nennt die Tradition »Offenbarung« oder genauer »Selbstoffenbarung«. Diese Selbstoffenbarung beginnt im Judentum mit jenem »Gegenüber«, das von sich selbst sagt, dass es da ist. Diese Aussage geschieht in personaler Form: »Ich bin der ›Ich-bin-da‹« (Ex 3,14).[18] Hier antwortet ein Du auf die Jahrtausende alte Frage des Menschen, was dieser letzte Seinsgrund sein könnte, ob der Mensch davor wie vor einem leeren Seinshorizont oder einem Abgrund stehen bleiben muss, oder ob sich dieser »Abgrund« von sich aus als der tragende Grund allen Seins erweisen kann. »Jahwe« (eigentlich als Tetragramm JHWH) zeigt sich dem Volk als dieser tragende Grund. Diese vier Buchstaben

17 So ein Buchtitel von Erich Fromm, Haben oder Sein. Die seelischen Grundlagen einer neuen Gesellschaft. München ^{6}1980.

18 Was Dasein heißt, wissen wir, weil wir auch da sind.

JHWH sind ein Platzhalter für das Absolute, Unsichtbare und Unsagbare, von dem man sich kein Bild machen soll.

Und doch macht das Volk wesentliche Erfahrungen mit diesem Du. Dieser Gott Jahwe *kann* etwas. Er hat die Stärke und Kraft, das zu tun, was die anderen Götter nicht können: Er führt das Volk Israel aus der Knechtschaft Ägyptens hinaus in die Freiheit. Er zeigt sich als ein befreiender Gott, das ist die grundlegende Erfahrung des Volkes Israel. Dies ist der einzige Umbruch, den man im Denken mitmachen muss, wenn man die monotheistischen Religionen Judentum, Christentum und Islam verstehen will: sich den Phänomenen der Welt nicht nur aus menschlicher Perspektive philosophisch zu nähern, sondern es für möglich zu halten, dass sich das Absolute als ein Du »von drüben« dem Menschen zeigen kann und sich auch zeigt. Diesen einen Schritt muss man (mit)machen, sonst versteht man das Christentum nicht.

»Jahwe« zeigt sich dem Volk als dieser tragende Grund. Diese vier Buchstaben JHWH sind ein Platzhalter für das Absolute, Unsichtbare und Unsagbare, von dem man sich kein Bild machen soll.

Das Sprechen und Handeln Gottes wird mit dem hebräischen Begriff *Dabar* ausgesagt. Das hebräische Wort wird dann ins Griechische mit *Logos* übersetzt und schließlich ins Deutsche mit *Wort*. Dieser Logos (die »Logik« Gottes), das Wort Gottes, wird nach der Auffassung des Christentums Mensch. Der Logos Gottes lebt das göttliche Leben in menschlicher Gestalt. Der Mensch Jesus Christus ist nach christlicher Auffassung ganz Mensch und ganz Gott, er ist ganz menschlich und ganz göttlich zugleich.

Wie soll man sich unter diesem Gott vorstellen? »Gott« ist zunächst ein Begriff mit vier Buchstaben. Dieser ist eigentlich ganz nichtssagend: vier Buchstaben – G, O, T, T. Das Judentum verbietet jede Vorstellung von diesem Gott, der Mensch soll sich kein Bild machen. Und das ist gut so, damit die Absolutheit

Gottes nicht in die relativen Denkstrukturen des Menschen gepresst wird und jeder zu wissen meint, wie dieser Gott sich zu verhalten hätte. Der Mensch soll nicht seine Vorstellungen in diesen Gott hineinprojizieren. Der Begriff »Gott« ist auch ein anderer als jener von Tisch, Bett, Auto oder Baum. Gott kommt in der Welt nicht so vor wie ein Tisch oder ein Stein. Daher sagt der Theologe Dietrich Bonhoeffer (1906–1945): Einen Gott, den es gibt, gibt es nicht.

Und doch assoziieren die Menschen mit diesem Begriff vielerlei: Dieser Gott sollte gut sein und allmächtig, den Überblick haben und notfalls auch in die Welt eingreifen können. Gott sollte ganz menschlich sein, sodass er meine Nöte versteht. Er darf nicht weit weg sein. Er sollte meine Gebete erhören, aber die des bösen Nachbarn auch? Der eine bittet um Sonne, der andere um Regen, wen soll Gott erhören? Worum kann man eigentlich beten? Und was ist Gebet? So wird aus dem allgemeinen Dasein Gottes sein Sosein, er bekommt konkrete Eigenschaften, die ihm entweder die Menschen als Projektion zuschreiben (so der Philosoph Ludwig Feuerbach) oder die er »wirklich« aus sich heraus hat.

Während das Judentum jede Vorstellung Gottes verbietet, darf man sich im Christentum doch ein Bild von diesem Gott machen, denn Jesus Christus sagt von sich: »Wer mich sieht, sieht den Vater« (Joh 14,9). Er ist ganz durchsichtig auf ihn hin, er ist das Bild Gottes, seine Ikone. So werden im Neuen Testament auch Eigenschaften Gottes genannt, die zum Teil schon im Alten Testament auftauchen: Gott ist die Liebe, Gott ist Barmherzigkeit, Gott ist die Wahrheit, er ist das Leben, er ist der Weg. Gott ist treu, er will unser Heil und unsere Heilung.

Wenn sich der Christ ein Bild von Gott machen darf, dann bleibt trotzdem das alttestamentarische Gebot bestehen, sich kein Bild zu machen. Denn einerseits kann der Mensch diesen Gott nicht vollständig erfassen, und er soll ihn auch nicht in seine kleinen Denkkategorien pressen, und andererseits ist Jesus Christus als Mensch und Sohn Gottes ganz durchsichtig auf den Vater hin. Durch ihn hindurch kann der Christ erkennen, wer der Vater ist. Um diese beiden Seiten derselben Medaille zu erfassen, braucht der Mensch die Denkstruktur des »Sowohl-als-auch«. Er soll sich *kein* Bild machen im Sinn der menschlichen Projektion auf Gott, die Gott in menschliche Kategorien presst, und doch darf er sich ein Bild machen in dem Sinn, dass der Mensch sich nur auf einen Gott einlassen wird können, der bestimmte Eigenschaften hat, der es mit jedem Einzelnen gut meint, der sein Heil will, und der Liebe, Wahrheit und Barmherzigkeit verkörpert.

Gott ist ganz menschlich

Aus christlicher Sicht kann man sich Gott gar nicht menschlich genug vorstellen. Alles, was man über ihn weiß, hat er von sich selbst preisgegeben und andere Menschen haben es aufgeschrieben. Wie gesagt, muss man diesen einen Schritt mitgehen, es für möglich zu halten, dass dieser Gott sich in der Welt zeigt (Judentum), dass sein Logos sich als Mensch offenbart (Christentum) und dass die Menschen, die es aufgeschrieben haben, es nicht erfunden haben oder lügen. Der christliche Gott zeigt sich nicht in Büchern oder Philosophien, sondern als Mensch. Er will – so ist es aufgeschrieben und im Kontext der Liebe plausibel – zu jedem Menschen eine ganz individuelle Beziehung aufbauen, so wie auch Menschen zu anderen Menschen eine je unterschiedliche Beziehung haben. Man kann nicht die ganze Menschheit lieben, sondern immer nur einzelne Menschen und jeden auf andere Weise. Das heißt, es geht immer um die Individualität des Menschen und nicht um eine »Vermassung«, in der jeder gleich ist. Das ist bei den Menschen so, und das ist bei Gott so, sonst wäre es keine Liebe.

Der christliche Gott will – so ist es aufgeschrieben und im Kontext der Liebe plausibel – zu jedem Menschen eine ganz individuelle Beziehung aufbauen.

Wenn dieser Gott mit jedem Menschen in eine je individuelle Beziehung eintreten will, tut er das nicht ungebeten. Er will eingeladen und gebeten werden. Er ist immer da, so wie die Sonne immer scheint, auch wenn wir sie nicht sehen, aber man muss sich ihm zuwenden. Daher kommt das Wort Gebet: jemanden darum bitten zu kommen. Gott drängt sich nicht auf. »Wollt auch ihr weggehen?« (Joh 6,67), fragt Jesus seine Jünger, nachdem ihn viele verlassen haben. Er lebt keine Herrschaftsattitüde, sondern es ist ein stilles Werben um jeden Einzelnen. Es ist wie ein Liebeswerben eines Liebenden um seine Geliebte. Fast könnte man sagen, Gott pirsche sich leise an den Menschen an, wie ein Mann einer Frau näherkommen möchte (oder umgekehrt). Er wartet, bis sie antwortet und sich ihm zuwendet. Er kommt nicht aufdringlich und mit lautem Geschrei auf den Menschen zu und überfällt ihn, sondern er erscheint ganz still, fein und charmant. Das französische Wort *Charme* kommt aus dem Griechischen von *Charis* und das meint »Gnade«. Charis, Charme, charmant, Gnade, das sind Eigenschaften Gottes. Er nähert sich dem Menschen auf eine feinfühlige und vornehme Art und Weise, still und leise. Gott ist nobel. Er lärmt nicht. »Er schreit nicht und lärmt nicht und lässt seine Stimme nicht auf der Straße erschallen. Das geknickte Rohr zerbricht er nicht und den glimmenden Docht löscht er nicht aus« (Jes 42,2–3), heißt es bereits im Alten Testament. Er spricht leise, sodass man ihn leicht überhören kann. Daher muss der Mensch schweigen und hören lernen und seine Sinne schulen für diesen ganz besonderen Klang. Würde Gott sich mit lautem Getöse und mit seiner ganzen Kraft zeigen, wäre der Menschen überfordert.

Das ist bei den Menschen so, und das ist bei Gott so, sonst wäre es keine Liebe.

So ist es auch in der Weltgeschichte. Das Göttliche nähert sich der Welt in kleinen Schritten über Naturreligionen, die Religionen Asiens, die griechische Philosophie, das Judentum, das Christentum bis in die Gegenwart hinein. So geschieht es auch in der einzelnen Biographie. Er kommt langsam auf den Menschen zu und wartet, bis der Mensch sich ihm öffnet. Er verhält sich wie ein höflicher Gast, der nur zum Fest kommt, wenn er eingeladen wird. Er wartet, bis der Mensch antwortet und ihm die Tür öffnet. Sonst tritt er nicht ein. »Ich stehe vor der Tür und klopfe an. Wer meine Stimme hört und die Tür öffnet, bei dem werde ich eintreten, und wir werden Mahl halten, ich mit ihm und er mit mir« (Off 3,20). So muss sich der Mensch öffnen und aufmachen und dies gleich in einem doppelten Sinn: sich für Gott öffnen und die Tür aufmachen, sowie aufbrechen und sich aufmachen auf einen neuen Weg und in eine neue Beziehung.

Diese Beziehung ist nicht vereinnahmend, sondern freilassend.

Diese Beziehung ist nicht vereinnahmend, sondern freilassend, nicht manipulativ und unterdrückend, sondern führt behutsam in den Eigenstand und in die Freiheit. Sie hat das Wohl des einzelnen Menschen im Auge. Diese Beziehung kann sich im Laufe des Lebens immer mehr intensivieren und zur tiefen Freundschaft werden. »Ich nenne euch nicht mehr Knechte; denn der Knecht weiß nicht, was sein Herr tut. Vielmehr habe ich euch Freunde genannt, denn ich habe euch alles mitgeteilt, was ich von meinem Vater gehört habe« (Joh 15,15). Eine solche Freundschaft will gepflegt werden, damit die lebendige Beziehung nicht abreißt. Deshalb steht diese Freundschaftsaussage im Kontext des Bildes vom Weinstock: »Bleibt in mir, dann bleibe ich in euch. Wie die Rebe aus sich keine Frucht bringen kann, sondern nur, wenn sie am Weinstock bleibt, so könnt auch ihr keine Frucht bringen, wenn ihr nicht in mir bleibt. Ich bin der Weinstock, ihr seid die Reben. Wer in mir bleibt und in wem ich bleibe, der bringt reiche Frucht; denn getrennt von mir könnt ihr nichts tun« (Joh 15,4–5). Das »Dranbleiben« an dieser individuellen und intimen Beziehung ist wichtig: durch Stille, Gebet, Bibel lesen und durch ein tieferes Kennenlernen der Person Jesu Christi. Indem der Einzelne sich mit allen Sinnen in dessen Leben hineinversetzt, kann er auch selbst emotional tiefer berührt werden.

Gott ist ganz göttlich

Der, den wir Gott nennen, ist auch ganz anders. Er ist viel größer als der Mensch, viel vorausschauender, viel grundlegender. Er hat diesen gewaltigen Kosmos geschaffen mit den Naturgesetzen und der Ordnung der Natur, die sich selbst organisiert. Er ist der Schöpfer der Welt und des Menschen. Er ist der Grund von allem. Sein Geist brachte den menschlichen Geist hervor. Das kann durchaus im Laufe der Evolution so geworden sein. Er hat die Welt aus seinem Logos und seiner Vernunft heraus in Freiheit geschaffen und den Menschen daran teilhaben lassen.

Der göttliche Logos führt hinein in die innerweltliche Logik des Denkens. Der menschliche Geist kann den göttlichen Geist in den Phänomenen der Welt entdecken und ihn als Gegenüber erfahren. Er ist auf ihn ausgerichtet und partizipiert an ihm. Gott ist das Numinosum im Hintergrund, dessen Namen man im Alten Testament nicht aussprechen darf und von dem man sich kein Bild machen soll. Er ist das »verschwebende Schweigen« im Hintergrund, das niemand je gesehen hat. Und doch ist er auch das Jetzt der Ewigkeit und des ewigen Augenblicks, den der Mensch in diesem Leben ahnend erfassen kann. In aller Unbegreiflichkeit ist er als Mensch in der Person Jesu anfassbar und begreifbar.

Wenn dieser Gott so fern und so nah ist, so unbegreifbar und doch begreifbar, so still und doch so wahrnehmbar, ist es einerseits verständlich, dass der Mensch sich mit diesem Gott schwer tut. Andererseits hat der Mensch auch beide Aspekte in sich, den menschlichen und den göttlichen. Hätte er die göttlichen Anteile nicht in sich, könnte er Gott als Gegenüber gar nicht verstehen. Aber es gibt im Menschen einen »göttlichen Resonanzboden«, der als Heiliger Geist der Vermittler zwischen

Mensch und Gott ist. Mit seiner Hilfe können sich Gott und der Mensch langsam aneinander gewöhnen.

Vielleicht ist aber auch der Zugang zu diesem Gott durch verzerrte Gottesbilder, durch eine schlechte Vermittlung und die Reduzierung der göttlichen Botschaft auf Moral verstellt worden. Leere Formeln über den Glauben haben die göttliche Lebendigkeit erstickt und den Blick auf den lebendig machenden Gott verstellt. Er ginge nun darum, den Menschen zu zeigen, wie man sich seinem schöpferischen Wirken zuwenden kann. Es ist ständig präsent, drängt sich aber nicht auf. Es ist immer da, wie auch die Sonne immer scheint, selbst wenn Wolken sie verdecken oder die eine Hälfte der Erde sich von ihr wegdreht. Man kann sein Wirken erfahren und braucht dazu nur ein wenig Anleitung, worauf achtzugeben ist. Dazu dient dieses Buch. Das ist die Freiheit des Menschen: sich der Wahrheit und dem Wirken des Absoluten im eigenen Inneren zu öffnen und es kennenzulernen. Es ist wie das Öffnen einer Tür, die nach *innen* aufgeht.

Vielleicht ist aber auch der Zugang zu diesem Gott durch verzerrte Gottesbilder, durch eine schlechte Vermittlung und die Reduzierung der göttlichen Botschaft auf Moral verstellt worden.

Es tut dem menschlichen Geist gut, sich diesem göttlichen Geist zu öffnen. Dieser kann den Menschen inspirieren, ihm Ideen liefern, Erkenntnisse eröffnen und Einsichten gewähren. Die Begriffe »inspirieren« und »Inspiration« haben mit »spirit« und dann mit Spiritualität zu tun. Sich dem göttlichen Geist zu öffnen und ihm zu folgen, führt zu mehr Erkenntnis und Einsicht, Frieden und Freude. In dem Maße, wie sich der Mensch diesem göttlichen Geist öffnet und dessen Inspirationen folgt, wird er über sich selbst hinausgeführt, er »transzendiert«. Der göttliche Geist kann den menschlichen langsam zu sich »hinaufheben«. Und der Mensch kann hinaufgehoben werden und kann das Erkannte lange aufheben im Sinne des Bewahrens.

Aus diesem Geist heraus kann der Mensch leben lernen und dessen Wirken in seinen Emotionen und »Seelenbewegungen« erkennen.

Verwendet man den schon erwähnten Begriff des »letzten Grundes« für Gott, kann man in Übersetzung des christlichen Dogmas von der Dreifaltigkeit oder Dreieinigkeit sagen, dass Gott der Urgrund des Seins ist als Schöpfer der Welt und Vater, dass derselbe Grund im Menschen als Seelengrund anzutreffen ist als göttlicher und Heiliger Geist, und dass derselbe Grund als zwischenmenschliche Beziehung im Sohn in Erscheinung tritt. »Wo zwei oder drei in meinem Namen versammelt sind, da bin ich mitten unter ihnen« (Mt 18,20). Diese Dreifaltigkeit bestand schon vor der Erschaffung der Welt, sodass man davon ausgehen kann, dass Gott ein Beziehungsgeschehen in sich selbst ist. Er ist Liebe in sich, er ist sich selbst genug, er braucht die Welt nicht. Wenn er sie erschafft, dann aus vollständiger Freiheit oder aus überfließender Liebe. Er hat keinen Mangel, sodass er es tun musste. Es war seine freie Entscheidung. Das wiederum ist für die menschliche Freiheit von Bedeutung. Denn nur, wenn Gott ganz frei ist, kann auch der Mensch frei werden.

Die Freiheit des Menschen ist etwas Großes, aber auch etwas Gefährliches. Der Mensch kann seine Freiheit missbrauchen. Er wendet sich in der Paradiesesgeschichte vom göttlichen Urgrund ab und so nimmt das Unheil seinen Lauf. Es kommt zum Brudermord, Kain erschlägt Abel. Wer also Freiheit denkt, muss auch Untergang, Vernichtung, Böses und Hölle denken. Sonst würde der Mensch in seiner Freiheit nicht ernst genommen. Er wäre eine willenlose Marionette. Die Hölle gibt es schon auf dieser Erde. Gott will die Hölle für den Menschen nicht, er will das Heil des Menschen. Die Hölle schaffen wir uns selbst. Das ist das göttliche Risiko mit dieser Welt: die Freiheit des Menschen.[19] Der göttliche Sohn, so die »Philosophie«

---

19 Nachzulesen auch bei Fjodor M. Dostojewski, Der Großinquisitor (übertr. v. R. Kassner). Insel Verlag 1966.

des Christentums, stellt sich dieser Freiheit und dem Bösen des Menschen und wird gekreuzigt. Es scheint, dass er an seiner eigenen Welt zerbricht. Erst durch die sogenannte Auferstehung und die Überwindung des Todes ins ewige Leben hinein, gewinnt er seine Souveränität und Herrschaft zurück. Das feiern wir zu Ostern und jeden Sonntag.

Zusammengefasst: Mensch und Gott

Wie schon angedeutet, kann man im Blick auf die Person Jesu Christi festhalten, dass Gott menschlich und göttlich zugleich ist. Man spricht von der »Zwei-Naturen-Lehre«, da in Jesus die göttliche und die menschliche Natur vereint sind (»unvermischt und ungeteilt«). Er ist ganz Mensch und ganz Gott: Er ist ganz Mensch wie jeder von uns, denn »er war in allem uns gleich außer der Sünde« (Hebr 4,15) und musste sich seinen Weg durchs Leben bahnen. Er musste vieles über seine Tradition und Religion lernen, machte eine Berufsausbildung zum Zimmermann. Später wurde er Prediger und Heiler. Wahrscheinlich wusste er – wie jeder von uns – immer nur von Tag zu Tag, wie es weitergeht. Aber er lebte ganz in der Beziehung zu seinem göttlichen Vater: »Ich kann nur tun, was ich den Vater tun sehe« (Joh 5,19). Er war ganz durchlässig für den Vater und wurde vom göttlichen Geist bewegt. Das war seine Ausstrahlung und sein Zeugnis, die bis heute lebendig sind.

Wenn es auf der anderen Seite heißt, er sei ganz Gott, dann meint das, dass er nicht auf der Seite der Schöpfung, sondern auf der Seite des Schöpfers steht. Er kam aus der göttlichen Sphäre und lebte den Menschen vor, wie die Welt aus Gottes Sicht gemeint ist. Es war seine zentrale Aufgabe, den Willen seines göttlichen Vaters in dieser Welt zu erfüllen. Er verkündete und diskutierte mit den Menschen und Religionsvertretern, er heilte Kranke und lebte die Liebe und Barmherzigkeit des Vaters vor. Das brachte ihn in Konflikt mit einigen jüdischen Religionsführern, Schriftgelehrten und Pharisäern. Diese lieferten ihn letztlich der römischen Besatzungsmacht aus, die ihn zur Kreuzigung verurteilten. Man könnte fast sagen, dass ihm seine Barmherzigkeit zum Verhängnis wurde.[20]

Durch das, was im Christentum Auferstehung genannt und zu Ostern sowie an jedem Sonntag gefeiert wird, kehrt er »durch den Tod hindurch« zu seinem göttlichen Vater zurück. Am dritten Tag nach seinem Tod begegnete er seinen Freunden in neuer und verwandelter Seinsweise, und dann noch eine längere Zeit bis hin zu seiner Himmelfahrt und Pfingsten laut biblischem Zeugnis. Sie erkannten ihn zunächst nicht, dann aber doch an seiner Stimme, an bestimmten Gesten und seinen Wesenszügen.[21] Dieses Phänomen der Auferstehung ist aus christlicher Sicht für jeden Menschen vorgesehen. Das bedeutet, dass sich das tiefste Wesen jedes Einzelnen und seine Identität durch den Tod hindurch erhält und verwandelt wird. Also ist der Einzelne mit seiner Einzigartigkeit für die Ewigkeit bestimmt.

Dieses Phänomen der Auferstehung ist aus christlicher Sicht für jeden Menschen vorgesehen.

Das Christentum spricht von der *leiblichen* Auferstehung von den Toten, nicht von der körperlichen. Die deutsche Sprache unterscheidet zwischen Körper und Leib. Der Körper ist Materie und zerfällt nach dem Tod, der Leib hat etwas mit der Identität und dem Wesen des Menschen zu tun. Nach christlicher Auffassung wird der ganze Mensch als Einheit von Leib und Seele in die Ewigkeit und das Sein bei Gott »hineinverwandelt«. Das Christentum ist somit eine leib*freundliche* Religion und spricht deshalb auch nicht von einer unsterblichen Seele wie die platonische Philosophie, sondern von der leiblichen Aufnahme in den Himmel.

---

20 Vgl. dazu: Walter Kasper, Barmherzigkeit. Grundbegriff des Evangeliums – Schlüssel christlichen Lebens. Freiburg i. Br. ^{5}2015.

21 Mehr dazu im Kapitel über die vierte Woche der Exerzitien: die Auferstehung.

Auch das sei noch einmal zusammengefasst: Wenn der Mensch – wie in der Bibel beschrieben – ein Abbild Gottes ist, dann sind diese beiden Aspekte, der menschliche und der göttliche, auch in jedem Menschen vorhanden. Dann hat auch Mensch diese Doppelnatur. Aber er hat sie als Geschöpf in einer sehr endlichen und relativen Weise, und nicht wie der Schöpfer in der Weise des Absoluten. Der Mensch trägt göttliche Anteile in sich und menschliche. Der göttliche Geist wohnt in ihm. Durch ihn ist der Mensch mit Gott verbunden. Es gibt im Menschen diesen schon beschriebenen göttlichen Resonanzboden, der es ihm erlaubt, das göttliche Wort, das von außen auf ihn zukommt und besonders durch die Evangelien des Neuen Testamentes vermittelt wird, zu verstehen. Letztlich ist der Mensch damit hineingenommen in den innergöttlichen Dialog von Vater und Sohn im Heiligen Geist.

Dieser göttliche Geist ist es, der lebendig macht und den Menschen von innen her bewegt. Allerdings – und das wird im Folgenden entfaltet – gibt es im Menschen auch noch andere »Geister«, die den Menschen bewegen. Es gibt Seelenbewegungen, Antriebe, Motive, die nicht dem göttlichen Geist entspringen, sondern dem Ungeist, der Egozentrik und dem Egoismus des Menschen. Diese »Mischung« der inneren Seelenbewegungen, Antriebe und Motive kann der Mensch wahrnehmen und unterscheiden lernen. Man kann es im Blick auf das Gewissen des Menschen auch so ausdrücken: Den göttlichen Geist kann der Einzelne in seinem Gewissen entdecken, aber er ist nicht mit dem Gewissen identisch. Das Gewissen ist eine »Mixtur« aus innerweltlichen Prägungen durch Eltern, Erziehung, Kultur, religiöse Werte, den »Stimmen« des eigenen Ichs und der tiefer liegenden »Wahrheitsstimme«, die man als die Stimme des göttlichen Geistes bezeichnen kann. Sigmund Freud (1856–1939) meinte noch, dass das Gewissen lediglich die internalisierte Stimme des »Über-Ichs« (Eltern, Kultur, Tradition) sei. Wenn das so wäre, könnten Kinder keine anderen Gewissensentscheidungen treffen als ihre Eltern. Es muss also einen anderen Raum geben, durch den das von den Eltern Geprägte überstiegen wird.

Wenn hier immer wieder von der Wahrheitsstimme oder der Stimme des göttlichen Geistes die Rede ist, dann ist festzuhalten, dass diese Stimme nicht wie eine menschliche Stimme hörbar ist, sondern dass diese »Stimme« in der Weise des Schweigens spricht (Heidegger).[22] Das »schweigende Sprechen« des Geistes ist ein anderes Sprechen als das Reden von Menschen. Es ist kein Sprechen im herkömmlichen Sinn. Es ist in etwa so, wie wenn vertraute Menschen sich schweigend »unterhalten«. Sie verstehen sich, obwohl sie nichts sagen. Auch die Stille der Wüste kann zu mir »sprechen«, ohne dass etwas gesagt wird. Anders formuliert: Diese Stille kann mir etwas sagen, ohne dass jemand spricht. Ich kann die Stille vernehmen. Das Wort »Vernunft« kommt von diesem Vernehmen. Ich kann verstehen lernen, was diese Stille mir sagen will über die Welt, über mich, meine Ängste, meine Sorgen, mein Leben, mein Wesen oder mein Selbstsein in der Ausgesetztheit den Einflüssen der ganzen Welt gegenüber. Vielleicht kann man es so zusammenfassen: Man hört etwas und hört doch nichts, man sieht etwas und sieht doch nichts, jemand spricht und doch spricht niemand.

Es ist notwendig, sich im eigenen Inneren einen solchen Raum der Stille »einzurichten«.

Um diese schweigende Kommunikation zu verstehen, ist es wichtig zu wissen, worauf man dabei achten soll. Zunächst muss man hören lernen, und hören kann man nur, wenn man selbst schweigt. So ist es auch zwischen Menschen. Wenn der Andere etwas sagen will, muss ich schweigen, wenn

22 Wenn Menschen vermeintlich göttliche Stimmen hören, in der Art und Weise wie Menschen miteinander sprechen, handelt es sich oftmals um eine psychische Erkrankung. Diese Stimmen sind nicht die Stimme des göttlichen Geistes.

ich ihn wirklich verstehen will. Geht die Kommunikation stiller vonstatten (im Schweigen), dann muss ich noch konzentrierter zuhören, mehr schweigen, die Gedanken zur Ruhe kommen lassen, damit ein Raum entsteht, in den der Andere oder Gott selbst sein schweigendes Wort hineinsprechen kann. Es ist notwendig, sich im eigenen Inneren einen solchen Raum der Stille »einzurichten«, der die vielen Stimmen, die auf mich einprasseln und eine innere Unruhe verursachen, ruhig werden lässt.

2

DIE EXERZITIEN DES IGNATIUS VON LOYOLA

ORDNUNG SCHAFFEN IM EIGENEN INNEREN

Tief im Menschen gibt es diese göttliche Dimension, die nicht »stumm« ist, sondern im Menschen »spricht« und etwas bewegt. Sie bewirkt etwas, ist eine »Wirk-lichkeit«. Um zu dieser tiefsten Dimension vorzustoßen, gilt es, die verschiedenen Ebenen und Räume der inneren Seelenbewegungen zu beobachten und »verstehen« zu lernen. Zum Erkennen und Interpretieren dieser inneren *Bewegungen* konzentrieren wir uns in den folgenden Kapiteln auf eine spirituelle Tradition des Christentums, nämlich auf die »Geistlichen Übungen« des Ignatius von Loyola (1491–1556)[23], die womöglich noch immer nicht genügend bekannt sind. Sie beruhen auf persönlichen Erfahrungen des Ignatius, die er psychologisch, philosophisch und theologisch durchdacht hat.

Seine grundlegenden Reflexionen begannen mit einem Unglück: Ignatius war Soldat und man hatte ihm die Beine zerschossen. Er lag auf seinem Bett und langweilte sich. Daher

---

23 Er war der Gründer des Jesuitenordens, der eigentlich »Gesellschaft Jesu« heißt, lateinisch: *Societas Jesu (SJ).*

sagte er zu seinen Freunden, sie mögen ihm etwas zu lesen bringen. Diese brachten ihm Ritterromane, wahrscheinlich im Hinblick auf seine soldatische Existenz. Ignatius las diese Bücher und hatte Freude beim Lesen, als er aber die Bücher weglegte, fühlte er sich irgendwie leer, traurig und, wie er später sagte: trostlos. Die Freude, die er beim Lesen empfand, verschwand danach. Diese Art der Literatur hatte für ihn nichts Bleibendes, nichts Belebendes, nichts Substanzhaftes. Vielleicht kennen auch Sie ähnliche Erfahrungen: Sie gehen auf ein Fest, es ist ganz lustig, Sie kehren nach Hause zurück und irgendwie ist der Nachklang eher leer, traurig, nichtssagend. Es bleibt nichts Wertvolles.

Und dann machte er eine andere Erfahrung. Er sagte zu seinen Freunden, sie mögen ihm andere Bücher bringen. Sie brachten ihm Bücher von Heiligen wie von Augustinus, Franz von Assisi und anderen Heiligen, also von Menschen, die aufgrund innerer Erfahrungen ihr Leben radikal geändert hatten. Ignatius hatte nun Freude beim Lesen dieser Bücher, und er versetzte sich in die Lage eines Franz von Assisi und überlegte, wie es wäre, wenn auch er so leben und alles verkaufen würde. Und jetzt stellte er folgenden Unterschied fest: Er legte die Bücher weg und die Freude, die er beim Lesen der Bücher empfunden hatte, blieb. Es war eine belebende Freude. Es bewegte sich etwas in ihm. Er war in seinem Herzen getroffen. Es zeigte sich etwas Bleibendes, Neues, Substanzhaftes, das über sein bisheriges Leben hinauswies. Und da sagte er sich: Dieser Unterschied hat offensichtlich etwas zu bedeuten. Von nun an beobachtete er täglich diese verschiedenen inneren Seelenregungen und reflektierte sie. Für die Erfahrung der Traurigkeit und der Leere verwendete er den Begriff der »Trostlosigkeit«, und für die bleibende belebende Freude und den tiefen Frieden den Begriff »Trost«.

Seine Definition der beiden Begriffe sagt aus, worum es geht: »Ich rede von Trost, wenn in der Seele eine innere *Bewegung* [Hervorhebung vom Verfasser] sich verursacht, bei welcher die

Seele in Liebe zu ihrem Schöpfer und Herrn zu entbrennen beginnt … und endlich nenne ich Trost jede Zunahme von Hoffnung, Glaube, Liebe, und jede innere Freudigkeit, die ihn zu den himmlischen Dingen ruft und zieht und zum eigenen Heil seiner Seele, indem sie ihn besänftigt und befriedet in seinem Schöpfer und Herrn« (EB 316; EB = Abkürzung für Exerzitienbuch). Er bringt es auf den Punkt: Die Seele beginnt zu entbrennen und löst eine innere *Bewegung* aus. Es ist eine existentielle Erfahrung: Da brennt ein Feuer in ihm, da bewegt sich etwas, da kommt etwas »in Wallung«.

Und dann beschreibt er das Gegenteil von Trost, die Trostlosigkeit: »Ich nenne Trostlosigkeit alles, was zur dritten Regel in Gegensatz steht, als da ist: Verfinsterung der Seele, Verwirrung in ihr, Hinneigung zu den niedrigen und erdhaften Dingen, Unruhe verschiedener Getriebenheiten und Anfechtungen, die zum Mangel an Glauben, an Hoffnung, an Liebe bewegen, wobei sich die Seele ganz träg, lau, traurig findet und wie getrennt von ihrem Schöpfer und Herrn« (EB 317). Auch hier geht es um eine tiefe existentielle Erfahrung: Da ist alles tot in mir, ich bin leer, ausgebrannt, ohne Energie, matt, ohne Freude, vielleicht unruhig, womöglich ohne zu wissen, woher das kommt. Manches von dem hier Beschriebenen findet man auch in modernen Psychiatriebüchern. Ignatius jedoch beschreibt hier keine Depression im psychologischen Sinn. Dieser Zustand betrifft eine viel tiefere, geistig-geistliche Dimension. Sehr wohl aber könnte aus dieser tiefen Trostlosigkeit eine Depression entstehen.

Ignatius achtet fortan vermehrt auf seine Erfahrungen und kommt zu der Überzeugung, dass es sich dabei um allgemeingültige Erfahrungen handle, die jedem Menschen zugänglich seien. Daher beginnt er, seine Erfahrungen aufzuschreiben, auszuarbeiten und zu differenzieren. Er studiert in Paris Philosophie und Theologie und entwickelt aus der Verbindung von persönlicher Erfahrung, psychologischer Analyse und philosophisch-theologischer Reflexion innerhalb von 20 Jahren seine

Geistlichen Übungen, die er in seinem Exerzitienbuch niederschreibt.[24] Wie man inzwischen aus der Forschung weiß, nimmt er dazu unter anderem Gedanken von Aristoteles und von Thomas von Aquin auf.[25]

Exerzitien sind – wie es das Wort schon sagt – Übungen. Es handelt sich um geistig-geistliche Übungen, die helfen sollen, das eigene Leben besser zu verstehen, das Innenleben zu ordnen und zu den tiefsten Dimensionen der Seele vorzustoßen. Ignatius nennt als Ziel dieser Übungen, dass sie dem »Heil der Seele« (EB 1) dienen. So wie körperliche Übungen dem leiblichen Wohl dienen, sollen diese Übungen dem geistig-geistlichen Wohl und dem Heilsein (Ganzsein) der Seele dienen. »Denn wie Lustwandeln, Ausschreiten und Laufen körperliche Übungen sind, so nennt man geistliche Übungen jede Weise, die Seele vorzubereiten und in Bereitstellung zu setzen (disponer), dazu hin, sein Innenleben zu ordnen zum Heil der Seele« (EB 1).

Es geht also darum, die Seele von Grund auf zu heilen und herauszufinden, was mein tiefstes Wesen ist, was meine tiefsten Wünsche sind und was ich *wirklich* in diesem Leben will. Es gilt auch, herauszufinden, was mich blockiert und warum ich nicht in der Lage bin, das zu erkennen und umzusetzen, was ich *wirklich* will. Ich tue womöglich das, was andere mir sagen, oder ich tue etwas nur (und meistens dann oberflächlich), weil mir nichts Besseres einfällt. Vielleicht bin ich auch zu bequem, nach meinem tiefsten Kern zu suchen. Oder ich habe einfach Angst davor, mich meinem tiefsten Wesen zu stellen. So kann ich mir selbst permanent ausweichen und lebe »an mir vorbei«. Ich werde mehr gelebt als dass ich selber aus meiner

---

24 Ignatius von Loyola, Die Exerzitien (übertr. v. Hans Urs v. Balthasar). Johannes Verlag ^{15}2016 (im Text mit EB abgekürzt).

25 Zu den verschiedenen philosophisch-theologischen Quellen des Ignatius geben sehr gut die diversen Artikel Auskunft in der Publikation: Thomas Gertler/ Stephan Ch. Kessler/Willi Lambert (Hg.), Zur größeren Ehre Gottes. Ignatius von Loyola neu entdeckt für die Theologie der Gegenwart. Herder Verlag, Freiburg im Breisgau 2006.

innersten Mitte heraus lebe. Mancher lebt nur von einer Aufgabe zur nächsten. Die Dinge kommen von außen auf ihn zu und müssen erledigt werden. Diese Menschen hangeln sich so von »Sekundärmotivation« zu Sekundärmotivation, ohne eigentlich selbst darin vorzukommen. Sie leben nicht von innen nach außen, sondern werden von außen nach innen gelebt. So führt man kein authentisches und substantielles Leben, diesem Dasein mangelt es an Tiefe und Substanz.[26]

Wenn es um das Heilwerden der Seele geht, dann geht es nicht um ein psychotherapeutisches Geschehen. Es geht vielmehr um das Entdecken einer tieferen Dimension des Seins. Eine Psychotherapie kann vielleicht ein Türöffner für diese tiefere Dimension sein. Daher sollte man für derartige Exerzitien, die eigentlich auf vier Wochen ausgelegt sind, seelisch einigermaßen stabil sein. Seelisch Erkrankten wie z.B. schizophrene oder manisch-depressive Patienten sollte man nicht zu solchen Exerzitien raten. Allerdings können sich aus den inneren Erkenntnissen des Menschen heraus auch einige psychologische Verbesserungen ergeben.

Wieso begeben sich Menschen auf einen solchen Weg? Wohl aus den unterschiedlichsten Gründen. Manche sind einfach nur neugierig oder sie sehen, dass ihr Leben fad, langweilig und »tot« geworden ist, und sie wissen nicht, warum das so ist. Religiöse Menschen können spüren, dass ihr religiöses Leben verdunstet und nichtssagend geworden ist, andere empfinden die Vermittlung der christlichen Spiritualität in einer Gemeinde als viel zu »dünn«, manche haben eine tiefe Sehnsucht nach dem ganz Anderen oder spüren eine Berufung zu einem bestimmten Lebensweg, können diesen aber nicht genau

---

26 Allerdings ist es so, dass viele Menschen zu einem erfüllten Leben gar nicht erst vorstoßen können, weil sie arm, krank oder schlecht ausgebildet sind, und einfach das nehmen müssen, was ihnen das Leben zur Verfügung stellt, ohne dabei viel Auswahl zu haben. Trotzdem kann der Einzelne versuchen, mit diesen Vorgaben doch noch ein erfülltes Leben zu führen.

benennen. Manche sind in einer Krise und wissen nicht weiter. Sie erhoffen sich einen Ausweg, oder sie stehen vor einer wichtigen Entscheidung und suchen Klarheit.

Andere werden aufgrund ihrer inneren Not geradezu gezwungen, sich wieder auf den Weg zu machen und neu zu suchen. So hat es Karl Jaspers (1883–1969) in seiner Philosophie der Grenzerfahrung beschrieben: Du bist verzweifelt, du weißt nicht weiter, du bist nahe daran, deinem Leben ein Ende zu setzen, oder du änderst Dein Leben. »Ich bin mir zur Frage geworden«, sagt Augustinus in einer bestimmten Phase seines Lebens. Der Zweifel oder auch die Verzweiflung können Auslöser sein für ein neues Nachdenken und für einen neuen Lebensweg. Ebenso kann das Erschrecken über mich selbst oder das Erstaunen über die Großartigkeit der Welt zu einem Umdenken führen.

Es geht bei den Exerzitien um eine Arbeit an sich selbst mit dem Ziel, zum eigenen Wesen und zum göttlichen Urgrund im Innersten vorzustoßen. Von diesem tiefsten Punkt aus kann der Einzelne heil werden sowie sich selbst und die Dinge der Welt klarer sehen lernen. Ein Effekt davon ist, dass der Mensch bessere Entscheidungen treffen kann. Er entscheidet mit Sachverstand und mehr aus seiner eigenen Mitte heraus, und nicht mehr nur anhand äußerer Kriterien. Er verlässt die Beliebigkeit von Entscheidungen. So wird der Einzelne merken, dass er immer bessere, stimmigere und richtigere Entscheidungen trifft, die Bestand haben und nicht dauernd korrigiert werden müssen. Damit lebt er immer mehr sein eigenes Leben und wird nicht mehr so stark von den Umständen oder von anderen Menschen bestimmt und »gelebt«. So kann jeder von innen her im Kleinen die Welt mitgestalten.

Wollte man die Exerzitien anders zusammenfassen und den schon erwähnten Begriff des Gewissens verwenden, kann man mit Ignatius sagen: »Unter geistlichen Übungen versteht man jede Art, das Gewissen zu erforschen, sich zu besinnen (meditar), zu betrachten (contemplar), mündlich und im Geiste zu beten und andere geistliche Tätigkeiten, wie später erklärt wird« (EB 1). Das Gewissen zu erforschen und sich zu besinnen, heißt, über sein bisheriges Leben nachzudenken. Es gilt, dieses Leben mit all seinen guten Seiten und seinen Fehlern (Sünden)[27] anzuschauen, zu verstehen, aufzuarbeiten und anzunehmen. Man wandelt nur, was man annimmt, sagt der Psychiater Carl Gustav Jung (1875–1961).

Das Gewissen ist eine Mischung aus unterschiedlichen Wissensbereichen, so wie ein »Ge-birge« eine Zusammensetzung aus mehreren Bergen ist. Da ist zunächst das Wissen, das der junge Mensch von seinen Eltern, der Schule, von der Kirche und seiner Religion gelernt hat, dann das, was er sich selbst angeeignet, und worüber er nachgedacht hat und schließlich das, was die »Stimme der Wahrheit« in ihm sagt. Diese innere Wahrheitsstimme kann der Mensch immer besser verstehen lernen und sie damit von den anderen Stimmen unterscheiden. Um ihr mehr Raum zu geben, bedarf es der Stille und – aus christlicher Sicht – auch der Betrachtung der Heiligen Schrift. Das göttliche Wort trifft im inneren menschlichen Seelengrund auf den bereits erwähnten göttlichen Resonanzboden. Die göttliche Dimension kommt so im Menschen als dialogisches Geschehen zum Schwingen.

Auf dieses dialogische Geschehen bezieht sich der Begriff des »Betrachtens« in obigem Zitat (EB 1). Es geht um die Betrachtung von Bibelstellen – meist aus dem Neuen Testament und der Biographie Jesu –, die der Mensch mit allen Sinnen nachvollziehen soll, um sich emotional in die dort geschilderte

---

27 Der griechische Begriff für Schuld ist *hamartia* (»Fehler«) oder als Verb *hamartanein*, »einen Fehler machen«, was letztlich bedeutet, dass der Mensch das Ziel des eigenen Lebens und sich selbst verfehlen kann. Der eigentliche christliche Begriff dazu ist jener der Sünde, der bedeutet, dass der Mensch sich absondert aus der Beziehung zu Gott und dadurch sich selbst, den anderen Menschen und dem Leben etwas schuldig bleibt. Dann erst kommt als drittes Moment die Schuld im Sinne einer Normübertretung hinzu. Das »Tragische« an der Sünde ist eben, dass der Mensch sich selbst und sein Leben verfehlen kann.

Situation hineinzuversetzen. Ignatius nennt das die »Zurichtung des Schau-platzes« (EB 47), die darin besteht, sich beispielsweise in eine konkrete Lebenssituation Jesu Christi hineinzuversetzen, um einerseits dessen Innenleben besser erfassen zu können, und andererseits das wahrzunehmen, was in einem selbst dabei vorgeht. Durch die sich einstellende emotionale Bewegtheit ist man am direktesten in das Geschehen eingebunden.

»Mündlich beten« heißt beten mit Worten. Das kann bedeuten, Psalmen zu beten oder ein Vaterunser oder um etwas Konkretes zu bitten. »Im Geiste beten« meint eher ein stilles Gebet ohne viele Worte (vgl. EB 258). Dies gleicht mehr einer asiatischen Meditation (die allerdings nicht so sehr auf ein Du ausgerichtet ist) oder dem aus der Ostkirche bekannten »Jesusgebet«, bei dem immer wieder mantramäßig der Name Jesu Christi im Rhythmus des Atems wiederholt wird. Dieses stille Beten, das sich im Schweigen vollzieht, ist ein Stillwerden, um den göttlichen Geist im Menschen beten zu lassen. Im Römerbrief steht, dass wir im Letzten gar nicht wissen, worum wir bitten sollen und daher den Geist beten lassen sollen. »Denn wir wissen nicht, worum wir in rechter Weise beten sollen; der Geist selbst tritt jedoch für uns ein« (Röm 8,26–27). Hier verseht sich Beten dann mehr als Schweigen und Hören, als aktiv um etwas zu bitten.

DIE EXERZITIEN KONKRET

Der Aufbau der Exerzitien ist auf vier Wochen oder dreißig Tage ausgelegt. Die Exerzitien können aber auch kürzer sein und sogar »im Alltag« abgehalten werden. Sie lehnen sich an die Wüstenzeit Jesu an. Vor seinem öffentlichen Auftreten zieht sich Jesus in die Stille der Wüste zurück. In dieser Stille, in der es keine Ablenkung gibt, wird er mit sich selbst konfrontiert und muss sich seinen Ängsten, Sorgen, Versuchungen stellen. Dadurch kann er die Kräfte, die in ihm wirken, besser kennenlernen. Ein Heiler sollte sich zuerst einmal selbst kennenlernen und einigermaßen heil geworden sein, um dann heilend wirken zu können, so wie ein Psychoanalytiker erst selbst eine Analyse machen muss. Ein Blinder kann keinen Blinden führen. Die Wüste ist ein Ort der Selbsterfahrung und Selbsterkenntnis, diesen Weg musste auch Jesus Christus als Mensch gehen.

In Anlehnung an Jesu Erfahrungen in der Wüste vollziehen sich die ignatianischen Exerzitien auch im Schweigen z. B. in einem Kloster oder einem anderen stillen Ort. Jeder »Exerzitant«, der diese Übungen macht, hat einen Exerzitienbegleiter. Dieser Begleiter unterstützt den Übenden mit jeweils einem klärenden Gespräch pro Tag durch die vier Wochen hindurch. Die Aufgabe des Begleiters ist es, dem Übenden zu helfen, seine aufkommenden inneren Seelenregungen einzuordnen. Er selbst soll sich ganz zurückhalten, keine Ratschläge erteilen und den Übenden nicht in eine bestimmte Richtung drängen.

Seine Aufgabe besteht in einer Art Hebammenfunktion. Wie eine Hebamme dabei hilft, ein Kind zur Welt zu bringen, soll der geistliche Begleiter den »Geburtsprozess«, der das Göttliche im Menschen zur Welt bringen soll, begleiten. In der Sprache des Ignatius klingt das so, dass der Begleiter »in der Mitte stehend wie eine Waage, unmittelbar den Schöpfer mit seinem Geschöpf wirken lasse und das Geschöpf mit seinem Schöpfer und Herrn« (EB 15). Der Geburtsprozess läuft in gewisser Weise von selbst ab, aber man kann ihn unterstützend begleiten. Denn es gibt auch Widerstände im Menschen gegen diesen Geburtsprozess. Der Mensch lässt sich dabei ja auf etwas Unbekanntes ein. Dieses Unbekannte können die eigenen Schattenseiten sein, aber auch Gott selbst kann dem Menschen zunächst fremd erscheinen. Wenn aber der Übende das Fremde kennenlernt hat und es einordnen kann, verliert dieses sein Fremdsein und kann sogar ganz bekannt vorkommen. In der Sprache der Bibel ausgedrückt, heißt es dazu: Der Mensch muss aus dem Geist neu geboren werden (vgl. Joh 3,1–21).

Die Aufgabe des Begleiters ist es, den »Dialog« zwischen Schöpfer und Geschöpf zu »moderieren«. Es geht darum, in der Stille einen Raum zu schaffen, in dem der Einzelne in eine ganz individuelle Begegnung mit seinem Schöpfer eintreten kann. Da die meisten Menschen in diesem Dialog noch unerfahren sind, ist es die Aufgabe des Exerzitienbegleiters, die inneren Seelenbewegungen, die sich im Menschen ereignen, diesem einordnen zu helfen. So kann er dazu beitragen, bestimmte »Verständnisschwierigkeiten« zu überwinden. Dazu muss der Exerzitienbegleiter selbst den Exerzitienweg gegangen sein und den inneren Wandlungsprozess, der dort geschieht, durchlaufen haben.

Ich hoffe nicht, dass sich der heilige Ignatius allzu sehr »missbraucht« fühlt, wenn nun seine Exerzitien leicht modifiziert und für eine moderne Auslegung aufbereitet werden.

Wenn im Folgenden tiefer auf diesen Exerzitienweg eingegangen wird, werden dabei nur jene Teile der Exerzitien aufgegriffen, die für die vorliegenden Überlegungen geeignet erscheinen. Dabei werden vor allem die ersten beiden Wochen betrachtet, die zwei anderen Wochen ergeben sich dann daraus fast wie von selbst. Andere Aspekte werden hingegen weggelassen oder in eine moderne Sprache übersetzt. Manches muss in die Gegenwart hinein transformiert werden, sonst ist es nicht mehr verständlich. Ich hoffe nicht, dass sich der heilige Ignatius allzu sehr »missbraucht« fühlt, wenn nun seine Exerzitien leicht modifiziert und für eine moderne Auslegung aufbereitet werden. Seine spätmittelalterliche und frühneuzeitliche Sprache und Denkweise sind ansonsten für viele heute nicht mehr nachvollziehbar.

BETRACHTUNG DES EIGENEN LEBENS

1. WOCHE

In der ersten Woche der Exerzitien geht es darum, das eigene Leben anzuschauen. Das ist insofern interessant, als die Exerzitien nicht mit Betrachtungen über Gott und die Welt beginnen, sondern mit der Reflexion des Einzelnen über *sich selbst.* Das ist psychologisch klug, da der Mensch – wie schon erwähnt – die Welt immer mit seinen eigenen Augen sieht. Er kann nicht anders. So sieht er die anderen Menschen immer durch seine eigene Brille und trägt damit womöglich auch alle blinden Flecken und alles Unaufgearbeitete in diese Beziehungen mit hinein. Auch die letzten Fragen nach dem Sinn von Leben und Tod, sowie die Frage nach Gott, stellt er vor dem Hintergrund seiner eigenen Biographie.

Auf diese Weise kann der »wahre Gott« kaum darin aufscheinen, sondern es entsteht ein Bild von ihm, das durch die Brille der eigenen Prägungen gesehen wird. Diese »Bilder« und Projektionen kann man zunächst nicht ausschalten, man kann sich aber ihrer bewusst werden und sie langsam abbauen. Mit Blick auf die Mitmenschen gibt es im Neuen Testament sogar die ausformulierte ethische Verpflichtung, an diesen Projektionen zu arbeiten und sie langsam zurückzunehmen. Sonst wirft ein Mensch seinem Gegenüber womöglich Dinge vor, die er bei sich selbst nicht wahrhaben will: »Warum siehst du den Splitter im Auge deines Bruders, aber den Balken in deinem eigenen Auge bemerkst du nicht? … Du Heuchler! Zieh zuerst den Balken aus deinem Auge, dann kannst du versuchen, den Splitter aus dem Auge deines Bruders herauszuziehen« (Mt 7,1–5).

Im Blick auf das Gottesbild kann man reflektieren, welches Gottesbild dem Exerzitanten in seiner Jugend vermittelt wurde, ob es eher von Vertrauen geprägt war und inneren Halt ausstrahlte, oder ob es mehr Angst, Mutlosigkeit, Selbstzweifel und mangelndes Selbstwertgefühl hinterließ. Gottesbilder sind emotional aufgeladen und von biographischen Erfahrungen geprägt. Man weiß aus der Sprachphilosophie, dass Begriffe eine emotionale »Färbung« haben: angstmachend, Ablehnung hervorrufend oder auch Freude bereitend und Frieden stiftend. Wenn jemand einen sehr strengen oder brutalen Vater hatte, wird er sich womöglich schwertun, Gott als (guten) Vater anzusprechen.

Mit allen Sinnen das eigene Leben nachzuempfinden, bedeutet verstehen zu lernen, warum bestimmte Phänomene im eigenen Leben spezifische Gefühle und Affekte wie Angst, Wut oder Mutlosigkeit hervorrufen. Es kann durch die Betrachtung auch klarer werden, warum bestimmte Situationen immer wieder dieselben (Fehl-)Reaktionen hervorrufen, oder warum jemand in bestimmten Situationen emotional reagiert, während dieselben Situationen für andere emotional völlig unbedeutend sind. Wer als Kind einmal von einem Hund gebissen wurde, wird womöglich lebenslang Angst vor Hunden haben, während andere das gar nicht nachempfinden können.

Zur Aufarbeitung der eigenen Biographie kann es hilfreich sein, sich in konkrete Alltagssituationen hineinzuversetzen und nachzuspüren, wie z.B. das Elternhaus aussah (sehen) und »den Ort und das Haus zu betrachten, wo ich gewohnt habe; zweitens den Umgang, den ich mit andern gepflogen habe« (EB 56), dann emotional nachzuempfinden, wie ich erzogen wurde, wie das Verhältnis zu Vater und Mutter war, ob es oft Streit gab (hören), ob es im Haus nach Essen roch (riechen), wie das Essen zubereitet war (schmecken) und wie es sich anfühlte, das Geschirr abzuwaschen (tasten). All diese frühkindlichen Erfahrungen, Prägungen und Empfindungen werden die späteren Wahrnehmungen beeinflussen.

Manch biographische Erfahrungen verstellen den Blick auf die »wahre Wirklichkeit«, auf den wirklich Anderen und schließlich auf den »wahren« Gott. Emmanuel Levinas (1906–1995) hat das deutlich auf den Punkt gebracht, dass es notwendig ist, den Anderen wirklich als den Anderen zu erkennen und nicht als den, als den ich ihn gerne hätte, oder als das, was ich in ihn hineinprojiziere. So soll sich der Übende in dieser ersten Phase der Exerzitien besser kennenlernen und alle inneren Gefühle, Affekte, Ängste, Neigungen, Zweifel und Vorlieben in den Blick nehmen. Der Sinn davon ist, sich seiner selbst mehr bewusst zu werden und in der Stille auch Unbewusstes ans Licht kommen zu lassen. So können etwaige Blockaden oder »Verstellungen« (das können falsche Vorstellungen, Verdrängtes oder bestimmte Prägungen sein) angeschaut und mit der Zeit weggeräumt oder integriert werden.

Das Ziel dieses Weges ist es, durch alle Ebenen des Inneren hindurch letztlich in kleinen Schritten dem göttlichen Grund *in sich selbst* immer näher zu kommen und zu begegnen. Dieser unterscheidet sich womöglich fundamental von dem durch biographische Prägungen »selbstgemachten Gott«. Werden solche Prägungen und Neigungen aufgespürt und erkannt, kann man sie ablegen und sich dann *Gott selbst* und seinem Willen zuwenden, zum Heil der eigenen Seele. In der Sprache des Ignatius: »... alle ungeordneten Hinneigungen von sich zu tun, und nach dem sie abgelegt sind, den göttlichen Willen zu suchen und zu finden in der Einrichtung ... des eigenen Lebens zum Heile der Seele« (EB 1).

Das Ziel dieses Weges ist es, durch alle Ebenen des Inneren hindurch letztlich in kleinen Schritten dem göttlichen Grund *in sich selbst* zu begegnen.

Dieses Bewusstwerden ist ein erster Schritt zur Besserung. Selbsterkenntnis ist der *erste* Schritt zur Besserung, sagt der Volksmund. Der zweite Schritt besteht darin, das Erkannte auch in die Tat umzusetzen. Um der notwendigen Selbsterkenntnis und der geforderten Umsetzung ins Handeln Nachdruck zu verleihen, wird dann darauf hingewiesen, welche Folgen es haben kann, wenn sich der Mensch seinem Leben nicht stellt und keine Ordnung in seinem Inneren schafft. Dies kann viele Fehlentscheidungen nach sich ziehen.

Das Exerzitienbuch spricht weniger über *Gründe* von Fehlentscheidungen, sondern vielmehr über deren *Folgen* und den Schaden, der durch sie angerichtet wird: für sich selbst und für andere. Letztlich entfernt sich der Mensch – zumindest bei gravierenden Fehlern – immer mehr von sich selbst. Er kann sich auch vollständig verfehlen. Das ist mit dem Begriff Sünde gemeint. Sünde ist Absonderung »vom letzten Grund« und dadurch letztlich Selbstverfehlung. Der Mensch sondert sich von seiner Mitte ab und wird sich selbst und anderen fremd. Und durch diese Absonderung leiden dann auch die zwischenmenschlichen Beziehungen.

Aussagen des Exerzitienbuches über die Betrachtungen der Hölle (EB 65 ff.) können vielleicht so in eine moderne Sprache übersetzt werden: Betrachte jetzt in der Stille, wie es sich anfühlt, wenn Du weiterhin den falschen Weg in Deinem Leben einschlägst, wenn Du an Dir vorbeilebst, Deine Wahrheit und Dein Wesen verfehlst oder ohne innere Tiefe einfach so dahinlebst. Dann kann es sein, dass Du falsche Entscheidungen triffst, nicht mehr auf das Wesentliche ausgerichtet bist und schrittweise Dein Leben verfehlst. Ins Leben übersetzt heißt das: Die Hölle beginnt nicht erst im Jenseits, sondern schon im Hier und Jetzt. Himmel und Hölle sind keine jenseitigen Orte, sondern diesseitige Seelenzustände sowie innere und äußere Befindlichkeiten. Es gibt die Hölle schon auf Erden z. B. im Krieg, in menschlichen Beziehungen, in denen man sich bei Streitigkeiten bis aufs Blut bekämpft, oder in »höllischen« Seelenzuständen innerer Verzweiflung. Es geht in den Betrachtungen zur Hölle im Letzten um die drastischen Beschreibungen der Folgen von inneren Fehlhaltungen, Fehlhandlungen und Fehlentscheidungen. Der Mensch macht sich die Hölle selbst, Gott will die Hölle für den Menschen nicht.

Zusammengefasst: Der Mensch soll sich so gut in seinem Inneren auskennen, dass er wissen kann, was ihn antreibt, welche Sehnsüchte und Neigungen ihn bewegen, was seine innersten Antriebe, Motive und Motivationen sind, und warum er dieses oder jenes tut. Es geht um einen Prozess der zunehmenden Bewusstwerdung, Selbsterkenntnis sowie der Wachsamkeit und Achtsamkeit sich selbst und anderen gegenüber. Das war die Antwort des Dalai Lama auf die Frage, was für ihn Gebet sei. Er sagte: Achtgeben auf das, was in mir vorgeht. Man könnte es auf die Formel bringen: Lebe bewusst, wisse, was du tust und lass dich nicht einfach treiben. Ethisch könnte man es zuspitzen in der Aussage: Der Mensch hat eine Verpflichtung, sich seiner selbst bewusst zu werden und genauer zu verstehen, was er denkt, fühlt und tut.

Lebe bewusst, wisse, was du tust und lass dich nicht einfach treiben.

Bevor die zweite Woche beginnt, lässt Ignatius den Übenden in diesem Bewusstwerdungsprozess noch eine Betrachtung abhalten über Gedanken (EB 33), Worte (EB 38) und Werke (EB 42). Er geht dabei davon aus, dass aus den Gedanken Worte hervorgehen und aus den Worten Taten. Bei den Gedanken unterscheidet er drei Arten von Herkunft: »Ich setze voraus, daß es dreierlei Gedanken in mir gibt: solche die meine eigenen sind und allein meiner Freiheit und meinem Willen entspringen, während die andern von außen kommen, der eine vom guten, der andere vom bösen Geist« (EB 32). Auch bei den inneren Antrieben nimmt er diese Dreiteilung vor. Vielleicht kennen einige dieses Phänomen, dass nicht nur plötzlich ein Gedanke da ist, sondern man ihn auch ausspricht. Hinterher weiß man oft gar nicht mehr, woher der Gedanke kam, und warum man ihn ausgesprochen hat. Das kann positiv sein oder auch negativ.

Im positiven Fall wird dieses Phänomen biblisch so beschrieben: »Nicht ihr werdet dann reden, sondern der Geist eures Vater redet durch euch« (Mt 10,20). Im negativen Fall ist man vielleicht erschüttert darüber, welche bösen Gedanken in einem aufsteigen. Sie steigen auf, dagegen kann man nichts tun, aber man hat die Verantwortung dafür, ob man sie in Worte und Taten umsetzt, und wie man mit ihnen umgeht. Ignatius formuliert es so: Man kann dem aufkommenden Gedanken widerstehen und er ist überwunden (EB 33). Aber er kann auch mehrfach wiederkommen und muss erneut überwunden werden (EB 34 ff.). Das ist ein Kampf. Deswegen spricht er hier von *Verdienst,* wenn man diesen inneren Kampf besteht.

Um die Zusammenhänge noch besser zu verstehen, wird dem Exerzitanten angeraten, genauer auf den *Verlauf* der Gedanken zu achten, ob »Anfang, Mitte und Ende« (EB 333) der Gedanken gut sind und »hingerichtet auf etwas ganz Gutes« (EB 333) oder ob der Gedanke »bei einer schlechten oder ablenkenden Sache endet oder bei etwas weniger Gutem als dem, was die Seele sich vorher vorgenommen hatte zu tun« (EB 333). Wenn der Gedankenverlauf beim Schlechten landet, kommt der Einfluss eher vom unguten Geist, und »wenn es die Seele schwächt oder verwirrt, indem es ihr den Frieden, die Stille und Ruhe, die sie vorher hatte, wegnimmt, so ist dies ein klares Zeichen, daß es vom bösen Geist herstammt, dem Feind unseres Fortschritts und ewigen Heils« (EB 333).

Beim Umgang mit dem *Wort* ist ihm wichtig: »Kein müßiges Wort reden. Ich verstehe darunter ein solches, das weder mir noch einem anderen nützt« (EB 40). Positiv gewendet: Redet nur über das, was dem Anderen oder mir selbst förderlich ist. »Redet man daher im ganzen um dessentwillen, was förderlich ist, oder ist die Absicht diese, der eigenen oder fremden Seele oder dem Leib oder den zeitlichen Gütern zu nützen, so ist die Rede nie müßig« (EB 40). Zusammengefasst: »Vielmehr liegt in allem Gesprochenen dann ein Verdienst, wenn es wohlgeordnet ist, eine Sünde dagegen, wenn es schlechtgerichtet oder nutzlos geredet ist« (EB 40), und er ergänzt: »Nichts reden, was verleumdet oder ins Gerede bringt« (EB 41). Beim *Werk* geht es ihm um eine ausführliche Betrachtung der Handlungen des Menschen, die aus unterschiedlichen Antrieben entstehen und die im Folgenden genauer betrachtet werden.

Lebe bewusst,
wisse, was du tust
und lass dich nicht
einfach treiben.

DIE »BERUFUNG« JEDES EINZELNEN MENSCHEN

2. WOCHE

Nachdem der Mensch etwas mehr Klarheit über sein bisheriges Leben gefunden hat, kann er langsam in einen tieferen Prozess der Gottsuche eintreten. Prägungen wurden erkannt und die schlechten ein Stück weit abgelegt, die guten integriert. Jetzt kann der Übende in die zweite Woche mit der Betrachtung der Biographie Jesu einsteigen. Er soll sich mit allen Sinnen in die jeweilige Situation hineinversetzen, und »hier mit den inneren Augen schauen die Synagogen, Städte, und Burgen, durch welche Christus Unser Herr predigend hindurchzog« (EB 91). Auch die Geburt Jesu und seine ersten Lebensjahre sowie das Verhältnis zu seinen Eltern sollen betrachtet werden. Denn hier geht es um ein wesentliches psychologisch-spirituelles Detail. Zuerst wird die Kindheit und die Abhängigkeit von seinen Eltern beschrieben, »indem er seinen Eltern untertan war« (EB 135), und dann mit zwölf Jahren seine erste Ablösung von den Eltern, als er »im Tempel zurückblieb und Seinen Nährvater und Seine natürliche Mutter verließ, um frei zu sein im reinen Dienst Seines Ewigen Vaters« (EB 135).

Dieser Gehorsam lässt ihn immer genauer seine Berufung und Identität finden.

Für Jesus findet ein erster entscheidender Überstieg statt, heraus aus dem Gehorsam den Eltern gegenüber und hinein in den Gehorsam seinem göttlichen Vater gegenüber. Dieser Gehorsam lässt ihn immer genauer seine Berufung und Identität finden. So ist es auch bei jedem anderen Menschen. Die erste »Identität« ist jene von den Eltern her als Sohn oder Tochter dieser Eltern, und die zweite ist jene von Gott her. So sagen sie es auch von ihm: Ist er nicht der Zimmermann und der Sohn von Josef und Maria? (vgl. Mk 6,3) Das ist er natürlich auch, aber seine eigentliche Berufung ist es, der Sohn des göttlichen Vaters zu sein. So ist es auch in anderer Weise bei jedem Menschen. Wir sind zunächst Kinder unserer Eltern und insofern fremdbestimmt (»von ihnen gezeugt«) und müssen langsam aus dem Gehorsam gegenüber den Eltern und der Abhängigkeit von ihnen herauswachsen. Das ist ein längerer Prozess, der meist in der Pubertät beginnt, sich aber bis zur Lebensmitte hinziehen kann.

Die Abhängigkeit von Menschen führt auf Dauer zu Fremdbestimmung und Unfreiheit. Die Abhängigkeit vom göttlichen Urgrund hingegen gibt inneren Halt, Orientierung, Eigenstand und führt in die Freiheit. Der christliche Gott ist gerade nicht die Fortsetzung des elterlichen Über-Ichs (Freud) und eine neue Macht von außen, die den Menschen unterdrücken will, sondern eine »Macht«, die den Menschen von innen her *er-mächt-igt*, in sein eigenes Wesen hineinzuwachsen.[28] Die Anbindung an diesen Urgrund führt den Menschen zu sich selbst, zum Eigenstand und zur Freiheit, so paradox es für manche Ohren auch klingen mag. Biblisch: Wer sein Leben um meinetwillen verliert, wird es finden, wer an seinem Leben festhält, wird es verlieren (vgl. Mt 16,25).

28 Vgl. Matthias Beck, Was uns frei macht. Für eine Spiritualität der Entfaltung. 2018

Wenn diese Macht den Menschen ermächtigt, zu seiner eigentlichen Größe heranzuwachsen, dann trifft hier der Begriff der »Autorität« zu. Autorität kommt von lateinisch *augere* und das bedeutet »wachsen lassen«, groß werden lassen, zur Entfaltung kommen lassen. Äußere innerweltliche Autorität steht in der Versuchung, den Menschen klein halten und unterdrücken zu wollen. Die innere göttliche Autorität hingegen macht den Menschen von innen her groß. Wahre Autorität führt den Menschen zu sich selbst und setzt ihn in die Freiheit. Eigenstand erlangen meint: seinen Stand zu finden in Gott. Das ist der eigentliche Begriff von Glauben: Abraham machte sich fest in Gott und fand dort seinen inneren Halt. Solcher Eigenstand führt zu mehr Selbstbestimmung. Der Weg aus der Fremdbestimmung geht durch das Hinfinden zum tiefsten Grund hin zur Selbstbestimmung. Ohne diese Anbindung ist die Gefahr der bleibenden Fremdbestimmung sehr groß.

Es steht zur Debatte,
was im Letzten zählt
und nicht vordergründig
wichtig erscheint.

INDIFFERENZ – IMMER WIEDER ABSTAND NEHMEN

Um immer wieder hinzufinden zu dieser inneren Autorität, die den Kompass menschlichen Lebens und guter Entscheidungen darstellt, sollte sich der Mensch je neu frei machen von innerweltlichen Vorlieben, Vorentscheidungen oder auch Zwängen und Beeinflussungen. Wie ein Maler immer wieder vom Bild zurücktreten muss, um das Ganze im Blick zu behalten, sollte auch der Mensch immer wieder gedanklich von seinen Vorlieben zurücktreten und schauen, ob er noch auf dem richtigen Weg ist. Dieses Immer-wieder-neu-Abstand-Nehmen wird in den Exerzitien mit dem Begriff der »Indifferenz« bezeichnet. Es geht eigentlich um einen Prozess des »Sich-immer-wieder-indifferent-Machens«. Dieser Begriff impliziert auch, dass man achtsam sein soll, um sich nicht verfrüht auf bestimmte Dinge festzulegen und zu fixieren.

Der Mensch solle von seiner Seite aus »Gesundheit nicht mehr als Krankheit begehren, Reichtum nicht mehr als Armut, Ehre nicht mehr als Ehrlosigkeit, langes Leben nicht mehr als kurzes«.

Ganz unvermittelt werden hier vier Bereiche genannt, von denen man gedanklich immer wieder Abstand nehmen soll: Erstens die Gesundheit, zweitens der Besitz, drittens das Ansehen in der Gesellschaft und viertens ein langes Leben. Der Mensch solle von seiner Seite aus »Gesundheit nicht mehr als Krankheit begehren, Reichtum nicht mehr als Armut, Ehre nicht mehr als Ehrlosigkeit, langes Leben nicht mehr als kurzes« (EB 23). Selbstverständlich will jeder lieber gesund als krank sein. Aber alles auf die Gesundheit auszurichten, nach dem Motto »Hauptsache gesund«, könnte eine falsche innerweltliche Fixierung bedeuten. Es gibt inzwischen eine neue Krankheit, die »Orthorexia nervosa« heißt, in Anlehnung an die »Anorexia nervosa«, der Magersucht. Griechisch *orthos* heißt richtig. Es kann sich also eine Krankheit einstellen, wenn jemand beim Essen alles genau *richtig* machen und sich ganz »korrekt« ernähren will. Das birgt nämlich eine Gefahr in sich: Wenn man die endlichen Dinge verabsolutiert ist man schon auf dem Holzweg. Nicht jeder Fehler in der Ernährung führt gleich zu einer Katastrophe. Der menschliche Organismus hat viele Reparaturmechanismen. Natürlich soll sich der Mensch um eine gute Ernährung und gesunde Lebensführung bemühen, aber er braucht nicht ausschließlich darauf fixiert zu sein. Sonst werden Gesundheit und Ernährung zu einer Religion und damit zu einem Götzen. Endliches ist endlich und sollte nicht verabsolutiert werden.

Dann geht es um den Reichtum: Das Neue Testament lehnt Reichtum nicht grundsätzlich ab, aber es warnt davor, sein Herz daran zu verlieren und darauf fixiert zu sein: »Eher geht ein Kamel durch ein Nadelöhr, als dass ein Reicher in das Reich Gottes kommt« (Mk 10,25). Und schon im Alten Testament steht geschrieben: »Wenn der Reichtum wächst, verliert nicht euer Herz an ihn« (Ps 62,11). Gerade in der Corona-Krise sieht man, dass auch bislang erfolgreiche Unternehmen in Konkurs gehen können und manch reiche Menschen arm werden. Also kann der Reichtum kein Letztwert sein, und man kann sich nicht auf ihn verlassen. Bei jungen Menschen könnte die Gefahr bestehen, dass sie sich in ihrer Berufswahl primär darauf konzentrieren, möglichst viel Geld zu verdienen. Das könnte sie an ihrem eigentlichen Wesen vorbeileben lassen. Hier findet glücklicherweise gerade ein Umdenken in der Gesellschaft statt: Studien zeigen, dass heutzutage Jugendliche lieber auf etwas Geld verzichten würden, wenn sie dafür einen *Sinn* in ihrer Arbeit finden könnten. Um diesen »Mehrwert« herauszufinden, braucht man immer wieder den freien Blick, der je neu befreit von Fixierungen, damit sich der Mensch nicht festklammert an vordergründigen Zielen und Zahlen, sondern hinschaut, wo die eigenen Talente liegen und was dem eigenen Wesen am meisten entspricht. Manch einer hat schon für Erfolg oder das vermeintlich große Geld »seine Seele verkauft«. Auch hier gilt: Besser ist es, mehr *zu sein* als *mehr zu haben.*[29]

Als Nächstes wird der Geltungsdrang des Menschen beschrieben.[30] Wohl jeder will lieber geehrt und geachtet werden, als unbedeutend zu sein oder sogar verachtet zu werden. Das ist verständlich. Aber auch für den Ruhm soll sich der Mensch nicht verbiegen. Man könnte es so formulieren: Du darfst Dich freuen, wenn Dir etwas gelingt und man Dich dafür lobt, aber fixiere Dich nicht darauf, es kann

---

29 Das Buch »Haben oder Sein« von Erich Fromm wurde schon erwähnt.

30 Vgl. zu allem auch: Peter Köster, Zur Freiheit befähigen. Die geistlichen Übungen des Hl. Ignatius von Loyola. Ein Kommentar mit Hinweisen für die Praxis des Begleiters. Würzburg 2017, 45.

Dir auch morgen schon wieder weggenommen werden. Ein Journalist sagte einmal: Wer heute mit dieser Zeitung in den zwölften Stock hinauffährt, kann morgen schon wieder in den tiefsten Keller hinabfahren. Die Rufe »Halleluja« und »Kreuzige ihn« liegen sehr nahe beieinander.

Und schließlich geht es um etwas sehr Aktuelles: Lebensverlängerung. Ist ein langes Leben in jedem Fall besser als ein kurzes? Möglicherweise ist ein kurzes und inhaltsreiches Leben besser als ein langes, das innerlich leer ist. Es genügt nicht, einfach das Leben zu verlängern, wenn es nicht auch mehr Tiefgang und »Leben« bekommt. Ist Lebensverlängerung also um jeden Preis anzustreben? Entscheidend ist wohl eher, was der Einzelne mit den Lebensjahren macht, und wie er sie erfüllt. Leben ist ein fundamentales Gut, aber nicht das letzte. Für einen Christen kann es sogar das letzte Ziel sein, sein Leben hinzugeben für andere. Dies ist die höchste Form der Liebe, die »Agape«.

Ignatius geht es darum, den Menschen darauf hinzuweisen, dass er sich nicht auf etwas fixieren soll, was möglicherweise der Verwirklichung seines eigenen Wesens und seiner eigentlichen Berufung im Wege steht. Vor Entscheidungen soll der Mensch daher alles für die Entscheidung Relevante auf zwei Waageschalen legen, als wäre alles gleich gut, und dann warten, in welche Richtung sich die Waage (von Gott her) bewegt. Dieses »Auf-die-Waagschalen-Legen« meint eben der Begriff der Indifferenz, der besser noch – wie schon vorhin erwähnt – als Verb zu lesen ist: sich immer wieder neu indifferent machen. Es steht zur Debatte, was *im Letzten* zählt und nicht vordergründig wichtig erscheint. Theologisch ausgedrückt: Die eigentliche Frage besteht darin zu fragen, was vor Gott wichtig ist, und nicht darin hängen zu bleiben, was vor den Menschen zählt. Bei Menschen zählen oft »Werte des Habens« viel, vor Gott gelten mehr jene des Seins.

Genau deshalb wird empfohlen, sich immer wieder gegenüber Vorentscheidungen, Vorlieben und Neigungen indifferent zu machen und das göttliche Wirken zu suchen. Dieses Wirken ernst zu nehmen und ihm zu folgen, ist deshalb sinnvoll, weil es das Beste für das eigene Leben ist. Werden Neigungen und Vorlieben hingegen nicht angeschaut und geordnet, kann es sein, dass der Mensch diesen folgt und – im wahrsten Sinne – das Wesentliche verpasst. So entstehen folgenreiche Fehlentscheidungen in der beruflichen Welt oder im privaten Leben im Hinblick auf Ehe und Familie. Ignatius spricht in solchen Fällen von einer ungeordneten und schiefen Wahl. »Gar viele täuschen sich in dieser Hinsicht, indem sie aus einer schiefen oder schlechten Wahl eine göttliche Berufung machen« (EB 172). Richtige Entscheidungen tragen wesentlich zum Gelingen des Lebens bei. Das ist das Ziel der Exerzitien: »Geistliche Übungen dazu hin, sich selbst zu überwinden und sein Leben zu ordnen, ohne sich durch

»Geistliche Übungen dazu hin, sich selbst zu überwinden und sein Leben zu ordnen, ohne sich durch irgendeine Neigung, die ungeordnet wäre, bestimmen zu lassen«

irgendeine Neigung, die ungeordnet wäre, bestimmen zu lassen« (EB 21). So kann der Mensch wieder Herr im eigenen Haus werden und Entscheidungen treffen, die aus der innersten Mitte seines Wesens stammen.

LEIDEN, SCHMERZ UND ENTSCHEIDUNGEN

3. WOCHE

Die dritte Woche dient der Betrachtung des Leidens Jesu und die vierte Woche seiner Auferstehung. Beides gehört zusammen. Beim Leiden geht vor allem um die Betrachtung der letzten Lebensphase des Mannes aus Nazareth. Er hatte einen normalen Beruf eines Zimmermanns, ist mit etwa 30 Jahren zum ersten Mal öffentlich aufgetreten, hat gepredigt, Menschen geheilt und mit den jüdischen Religionskundigen diskutiert. Schließlich kam es mit einigen Pharisäern und Schriftgelehrten immer mehr zum Konflikt, weil er am Sabbat geheilt hat, Sünden vergeben hat – was nur Gott zusteht – und als Sohn Gottes bezeichnet wurde. Er nannte Jahwe seinen Vater und sagte, nur er kenne den Vater und der Vater kenne ihn. Aus diesen und anderen Gründen nahmen sie Anstoß an ihm und kreuzigten ihn.

Jetzt kann man fragen, was das alles zu bedeuten habe. In ganz kurzen Strichen vielleicht so: Gott Vater (Jahwe) ist der Schöpfer der Welt. Er schafft den Menschen aus Freiheit und stattet ihn mit endlicher Freiheit aus. Das birgt die Gefahr, dass der Mensch diese Freiheit missbraucht und sie gegen den Schöpfer und gegen die Geschöpfe verwendet. Der Mensch will selbst so sein wie Gott, daher heißt es in der Paradiesesgeschichte als Versprechen der Schlange: »Ihr werdet wie Gott« (Gen 3,5). Der Mensch unterliegt dieser Versuchung, wird aber nicht wie Gott, sondern erkennt, dass er nackt ist und bekommt Angst (vgl. Gen 3,10). So nimmt das Unheil seinen Lauf mit dem ersten Brudermord. Kain erschlägt seinen Bruder Abel. Das Unheil und das Böse kommen durch den Menschen, der sich von Gott abwendet und seine Freiheit missbraucht, in die Welt. In einem gewissen Sinn sind Gott dadurch die Hände gebunden, denn er »kann« den Menschen nicht zum Guten zwingen. Liebe kann nicht zwingen. Liebe lebt von der Freiheit. Sonst wäre der Mensch eine Marionette und seine Freiheit würde nicht ernst genommen werden.

Er bleibt seinem Auftrag treu und weicht vor dem Bösen nicht zurück. Es ist die durchgehaltene Liebe und Wahrheit.

Offensichtlich gibt es nur eine Möglichkeit, diese Gebundenheit und Ohnmacht Gottes »aufzulösen« und zu überwinden, indem er selbst sich in der Person seines Sohnes Jesus Christus dem Bösen dieser Welt stellt. Der Sohn hat den Auftrag, der Welt zu zeigen, wie der Vater diese Welt gemeint hat. Er lebt das Leben des Vaters als menschgewordener Sohn vor: »Der Sohn kann nichts von sich aus tun, sondern nur, wenn er den Vater etwas tun sieht. Was nämlich der Vater tut, das tut in gleicher Weise der Sohn« (Joh 5,19). Dieses Leben des Vaters und des Sohnes ist Liebe, Barmherzigkeit, Wahrheit.

Diese inneren Haltungen – vor allem jene der Barmherzigkeit – werden dem Sohn zum Verhängnis, und er wird getötet. Er bleibt seinem Auftrag treu und weicht vor dem Bösen nicht zurück. Darin besteht das, was die Christen Erlösung nennen: Es ist die durchgehaltene Liebe und Wahrheit. Erst in der Überwindung des Todes durch das, was die Tradition Auferstehung nennt, gewinnt Gott seine

Autorität und Souveränität wieder zurück. Innerweltlich bleibt seine Einflussmöglichkeit aufgrund der Freiheit des Menschen begrenzt.

Der Sohn gerät in seinem irdischen Leben in einen inneren Konflikt, da er einerseits den Auftrag und Willen des Vaters erfüllen will und doch als Mensch vor dem Leiden Angst hat. So betet er in Gethsemane: Vater, lass diesen Kelch an mir vorübergehen (vgl. Mt 26,39). Letztlich willigt er aber doch in den Willen des Vaters ein. Dieser väterliche Wille war aber nicht der Wunsch, den Sohn am Kreuz leiden zu sehen, sondern das Offenbarwerden der durchgehaltenen Liebe, Wahrheit und Barmherzigkeit. Der »Menschensohn« hat gegen das Böse nicht zurückgeschlagen, sondern sich ihm gewaltlos gestellt. Er hat der Menschheit einen anderen Weg aufgezeigt und den Kreislauf von Gewalt und Gegengewalt, von Angriff und Rache durchbrochen. Das Kreuz ist also ein Symbol der Liebe und nicht eines der Macht.

Für uns Menschen kann man die Frage nach dem Leid zunächst so zu beantworten versuchen: Ohne Leid und Leiden kommt der Mensch nicht durch dieses Leben hindurch. Schon allein deswegen, weil es in der endlichen Welt Leid, Krankheit, Schmerz, Tränen, Trauer und letztlich den Tod gibt. Aber es gibt auch das Böse, das zusätzliches Leid hervorbringt. Dieses zeigt sich im Alltag, aber auch in der Weltgeschichte. Und schließlich gibt es auch die Tragik des Menschen, die in seiner inneren Zerrissenheit viele Ursachen hat, vor allem aber spiegelt sie den Widerstreit zwischen den verschiedenen gedanklichen und emotionalen Ebenen im Menschen wider, aber auch zwischen dem Göttlichen und dem Menschlichen in ihm. Das Göttliche ist das absolut Gute. Ihm zu folgen, würde dem Menschen guttun. Aber der Mensch vermeint, es besser zu wissen und wendet sich ab. Er geht seine eigenen Wege und koppelt sich vom göttlichen Willen ab. Das tut ihm nicht gut. Wege und Anleitungen, wie man das Göttliche und das dem Menschen Zuträgliche im Leben erkennen und umsetzen kann, werden in den folgenden Abschnitten nun etwas genauer beschrieben.

Jeder Einzelne kann zunächst die »Zehn Gebote« einhalten und z. B. keine anderen Götter anbeten. Das ist sinnvoll, um Innerweltliches nicht zu vergöttern und zu verabsolutieren. Er soll nicht lügen, nicht stehlen, nicht morden, weil dadurch Vertrauen und Gemeinschaften zerstört werden. Er kann die aristotelischen Tugenden Klugheit, Gerechtigkeit, Tapferkeit und Maß einüben, um langfristig zu denken, den Mitmenschen gerecht zu werden und immer wieder die rechte Mitte zu finden zwischen den Extremen. Dazu braucht es oft Mut und Tapferkeit. Er kann sich die christlichen Tugenden Glaube, Hoffnung und Liebe vornehmen und im Alltag umzusetzen versuchen. Die Tugend des Glaubens kann für ihn bedeuten, achtzugeben auf das göttliche Wirken im eigenen Inneren und immer wieder neu herauszuhören, in welche Richtung es ihn zieht oder treibt. Er kann achtsam sein und die Aufmerksamkeit darauf richten, ob er den guten Antrieben folgt und so seinen Frieden und

»Trost« findet, oder ob er anderen Stimmen folgt und so immer wieder Unruhe, Angst, Getriebenheit und Trostlosigkeit erfährt. Das gilt sowohl für Alltagsentscheidungen als auch für große Lebensentscheidungen. Die Hoffnung dagegen ist auf Zukunft ausgerichtet und sagt dem Menschen, dass sein Leben nicht sinnlos ist und nicht im Nichts endet, sondern zur Erfüllung kommen soll.

Durch viele alltäglichen Entscheidungen hindurch zeigt sich, ob der Mensch mehr dem guten göttlichen Geist folgt und so schrittweise immer mehr sein eigenes Wesen findet, oder ob er anderen Stimmen folgt und so immer wieder aus der eigenen Mitte herausfällt. Es wird ersichtlich, welchen Impulsen der Einzelne folgt, ob es mehr die äußeren Beeinflussungen sind, die ihn bestimmen, oder ob Entscheidungen mehr aus der Mitte des eigenen Wesens getroffen werden. Natürlich muss man in einer endlichen Welt immer wieder Kompromisse schließen. Die Frage ist nur, wie weit solche Kompromisse gehen sollen. Sind es äußerliche Dinge, wird man in einem bestimmten Rahmen Kompromisse schließen können, geht es um die innerste Mitte und das Wesen einer Person, wird es hingegen schwieriger.

Daher ist es so wichtig, die inneren Stimmen und Stimmungen unterscheiden zu lernen. Es geht auch darum achtzugeben, wie frei man für Entscheidungen wirklich ist, oder welchem wirtschaftlichen, politischen oder persönlichen Druck sich der Einzelne ausgesetzt sieht. Hier kann Leiden durch diesen inneren Konflikt entstehen. Es bedarf der Tugend des Mutes und der Tapferkeit, eigene Entscheidung auch gegen äußere und innere Widerstände durchzuhalten. Hat man einmal eine falsche Entscheidung getroffen, gilt es, sie als falsch einzugestehen und sie nicht »wegzurationalisieren« nach dem Motto: Für irgendetwas wird es schon gut gewesen sein.

Leiden kann aber auch durch etwas viel Grundsätzlicheres entstehen. Jeder einzelne Mensch kann seinem Wesen, seiner Berufung und seiner innersten Wahrheit auch ausweichen.[31] Wenn dem so ist, dass im Menschen zwei Ebenen existieren, eine göttliche und eine menschliche, dann tut der Mensch gut daran, immer wieder dem göttlichen Wirken zu folgen, da er so zum Heilsein seiner Seele gelangt. Diesem Wirken zu folgen, kann zunächst auch Angst auslösen, sollte aber auf Dauer zu innerem Frieden führen. Hier kann es zu inneren Konflikten kommen, die Zerrissenheit und Leiden hervorrufen können. Daher nennt Hans Urs von Balthasar seine Ethik *Theodramatik*, das Drama zwischen Gott und Mensch, dass ein Drama der inneren Zerrissenheit des Menschen selbst ist.

Für den Menschen kann ein solcher Konflikt bedeuten, dass er aus Bequemlichkeit oder aus Angst vor dem Leben und der Größe seiner Berufung seine Talente vergräbt und so nicht zur eigenen Wahrheit heranreift. Er bleibt hinter seinen eigenen Möglichkeiten zurück und bleibt sich und der

---

31 Vgl. zum Folgenden: Matthias Beck, Der Krebs und die Seele, Gen-Geist-Gehirn-Gott. Schöningh Verlag [2]2010, 143 ff.

Welt dadurch etwas schuldig. Daher kommt der eigentliche Begriff der Schuld – wie schon erwähnt – von dem, dass jemand dem Leben, sich selbst und anderen etwas schuldig bleibt. Die Angst, nicht zur eigenen Wahrheit durchzustoßen, nennt der Philosoph und Theologe Søren Kierkegaard (1813–1855) daher Sünde[32]: »Sünde ist: vor Gott verzweifelt nicht man selbst sein wollen oder vor Gott man selbst sein wollen«[33] und an anderer Stelle: »Sünde ist Verzweiflung«[34] und schließlich: »Diese Form von Verzweiflung ist: verzweifelt nicht man selbst sein wollen, oder noch niedriger: verzweifelt nicht ein Selbst sein wollen, oder am allerniedrigsten: verzweifelt ein anderer sein wollen als man selbst, ein neues Selbst sich wünschen.«[35] Schließlich kommt Kierkegaard zu dem Schluss, »daß der Grund, warum der Mensch eigentlich am Christentum Ärgernis nimmt, darin liegt, daß es zu hoch ist ... weil es den Menschen zu etwas Außerordentlichem machen will.«[36]

Mit dem ersten Zitat wurden gleich zwei Fehlhaltungen beschrieben: Die eine liegt darin, wenn

---

32 Wie schon oben erwähnt, kommt der Begriff »Sünde« vom Absondern. Das ist in diesem Zusammenhang der zentrale christliche Begriff, dass sich der Mensch absondert von der Beziehung zu Gott.

33 Søren Kierkegaard, Die Krankheit zum Tode. Eine christliche psychologische Entwicklung zur Erbauung und Erweckung von Anti-Climacus, Kopenhagen 1849 (hrsg. v. L. Richter), Frankfurt a.M. ²1986, 77.

34 Ebd. 103.

35 Ebd. 51.

36 Ebd. 79.

sich der Mensch vor dem letzten Seinsgrund und dem göttlichen Wirken verstecken und *von ihm her* nicht zur Fülle des Lebens und *zu sich selbst* heranreifen will. Er will aus Angst vor seiner eigenen Größe seine Berufung und Sendung nicht annehmen und seine Talente nicht zur Erfüllung bringen. Was ist diese Angst? Es ist die Angst, in Neues hineinzuwachsen, Aufgaben zu übernehmen, die man noch nicht kennt, oder es ist die Angst vor der Verantwortung, die einem zu groß erscheint. Diese kann man auch nur tragen, wenn man mit dem innersten Seinsgrund verbunden ist und von dort her die Kraft dafür empfängt.

Die eine liegt darin, wenn sich der Mensch vor dem letzten Seinsgrund und dem göttlichen Wirken verstecken und *von ihm her* nicht zur Fülle des Lebens und *zu sich selbst* heranreifen will.

Dabei geht es nicht um einen abzuarbeitenden Leistungskatalog der Barmherzigkeit oder der guten Werke, sondern um das Heranreifen, damit das Selbst zur Entfaltung kommen kann. Die Selbstwerdung durch das Sein bei Gott fördert dann die Sorge um den anderen und führt – fast wie von selbst – ebenfalls zu Werken der Liebe. Die Angst vor der eigenen Selbstwerdung lässt den Menschen hingegen schrittweise an seinem Leben vorbei leben. Im Neuen Testament wird daher derjenige, der sein Talent nicht vermehrt, sondern es vergräbt, scharf verurteilt (vgl. Mt 25,14–30). Der Mensch soll wachsen und sein Leben zur Entfaltung bringen. Dabei ist festzuhalten, dass der Einzelne seine Größe und Bedeutung nicht aus sich selbst hat, sondern von

Gott her. Daher ist jede Form von Überheblichkeit fehl am Platz und eher Bescheidenheit und Dankbarkeit angesagt.

Die andere Fehlhaltung zeigt sich darin, dass man seine eigene Größe und Identität ohne Beziehung zu diesem letzten Seinsgrund finden will. Der Mensch will allein aus sich selbst heraus er selbst werden. Er will alles selbst machen, »frei« sein, nichts von anderswoher empfangen. Er will von nichts abhängig sein. Dies gelingt aber nicht, da der Mensch letztlich immer abhängig ist, die Frage ist nur von wem. Es wurde schon gesagt, dass Abhängigkeiten von Menschen auf Dauer unfrei machen, die Abhängigkeit vom ganz freien Gott führt dagegen auf Dauer in die Freiheit.

Zusammengefasst: Es gibt ein Leiden, das Jesus Christus durchstehen musste, weil er dem Willen seines Vaters gefolgt ist und seinem Auftrag der Vermittlung von Liebe, Wahrheit und Barmherzigkeit treu geblieben ist. Er hat sich so den Zorn von einigen Gesetzestreuen, Pharisäern und Schriftgelehrten zugezogen, die lieber beim Gesetz verharrten, als barmherzig mit den Menschen zu sein. Er hat sich diesen »Hardlinern« und letztlich dem Bösen gestellt. Er hat gelitten, wurde gekreuzigt und ist auferstanden, das heißt er hat das Leiden und den Tod zu einem größeren Leben hin überwunden. *Dieses* Leiden führt letztlich zu *mehr* Leben. Für den Menschen gilt: Es gibt auch das Leiden, das denjenigen befällt, der ohne Anbindung an Gott durchs Leben kommen will oder der Größe seiner Berufung ausweicht. So bleibt er hinter seinen Möglichkeiten zurück und sich und anderen etwas schuldig. Die Psychologie würde vielleicht von einer »Werdescheu« oder »Werdenshemmung« sprechen. Dies könnte dazu führen, dass jemanden eine »weltliche, todbringende Traurigkeit« (2 Kor 7,10) befällt, weil er nicht mehr weiterwachsen will (Mk 10,17–31). Manche Depressionen haben hier ihren Ursprung.

Ohne Leid und Leiden
kommt der Mensch
nicht durch dieses Leben.

ÜBERWINDUNG VON LEID UND ZERRISSENHEIT

4. WOCHE

Das Leid und die Zerrissenheit des Menschen können überwunden werden. Am Ende soll nicht Leid, Schmerz und Dunkelheit stehen, sondern Freude, Frieden, Glück, Liebe und Licht. Dies ist in dieser Welt nur ansatzweise und zerbrechlich erfahrbar, jenseits des Todes aber unzerbrechlich und bleibend. An dieser Stelle sind die Betrachtungen der vierten Woche der Exerzitien angezeigt, die die Auferstehung, das Sein bei Gott oder die Ewigkeit beschreiben wollen, und aufzuzeigen versuchen, wie sich dieser Blick über das Leben hinaus schon hier und jetzt im Alltag zeigen und als »wirklich« wirkend erweisen kann. Das ist der Ort, wo das Sagbare und Begreifbare an seine Grenze kommt. Wenn man etwas nicht mehr mit Worten und Begriffen aussagen kann, gibt es noch eine andere Möglichkeit: Man kann das Unsagbare in Geschichten und Bildern wiedergeben. Sie versuchen, das Unglaubliche und die unbeschreibliche Erfahrung des Göttlichen irgendwie erahnbar zu machen. Deswegen heißt es im Neuen Testament immer wieder: Mit dem Himmelreich ist es *wie* mit ... und dann kommen Vergleiche, Bilder, Erzählungen. Um diese Geschichten verinnerlichen zu können, gilt es wieder, sie mit allen Sinnen »durchzuerleben« und von innen her zu »verkosten«. Das heißt konkret, sich in die Lage der Akteure zu versetzen und die Situationen mit ihnen von innen her »mitzuerleben«.

Die erste Geschichte ist jene der sogenannten Emmaus-Jünger. Zwei Männer gehen von Jerusalem nach Emmaus, einer kleinen Stadt etwa 12 Kilometer von Jerusalem entfernt. Es ist später Nachmittag.

Sie unterhalten sich und sind aufgebracht über die Ereignisse der letzten Tage: Da wurde ein Mann gekreuzigt, von dem sich viele Menschen Großes erwartet hatten. Manche hatten sogar gedacht, er sei ein Prophet oder gar der Messias und der starke Mann, der Israel aus der Unterdrückung durch die Römer befreien würde (wie »damals« Jahwe mit Hilfe von Moses das Volk Israel aus der Knechtschaft Ägyptens). Aber nichts davon geschah. Er scheiterte kläglich am Kreuz.

Die emotionale Verfasstheit der beiden Männer schwankt zwischen Erstaunen, Ratlosigkeit, Trauer, Verzweiflung, Enttäuschung. Auch sie hatten sich so viel von diesem Mann erhofft. So gehen sie ihres Weges und tauschen sich über diese Ereignisse aus. Fast unbemerkt kommt ein Dritter hinzu und fragt, ob er mit Ihnen gehen könne. Sie stimmen zu und er fragt sie, worüber sie reden würden. Sie fragen ihn zurück, ob er so fremd hier sei, dass er nichts davon gehört habe. Und er fragt noch einmal: Was denn? Dann erzählen sie von diesen eigenartigen Ereignissen in Jerusalem und der Kreuzigung dieses Mannes, von dem sie gehofft hatten, er werde Israel befreien.

Nachdem sie alles erzählt und sich ihre Not von der Seele geredet haben, beginnt er zu sprechen. Er hatte zunächst nur zugehört und sie ausreden lassen. Jetzt fängt er an, ihnen die ganze Heilige Schrift, beginnend mit den Propheten des Alten Testamentes bis hin zum heutigen Tag, auszulegen. Der Mann kennt sich offensichtlich aus. Sie lauschen ihm schweigend und gehen weiter.

Schließlich wird es Abend, und sie kommen im Dorf an. Er aber tut so, als wolle er weitergehen. Doch sie bitten ihn, bei ihnen zu bleiben, da es ja schon Abend und bald Nacht werde. Er bleibt, sie essen gemeinsam zu Abend und bei diesem Abendessen bricht er mit ihnen das Brot. Ein kleines Zeichen, aber an diesem Zeichen erkennen sie ihn. Es ist jenes Zeichen, dass er beim letzten Abendmahl, das er vor seinem Tod mit seinen Jüngern gefeiert hat, eingesetzt hat.

Dieses Mahl war das Passahmahl der Juden, das an die Befreiung Israels aus der Knechtschaft in Ägypten erinnerte. Bei diesem Mahl hatte er das Brot genommen, es gebrochen und als Symbol[37] dafür eingesetzt, dass er sein Leben dafür einsetzt und hingibt, den Menschen zu zeigen, wie das Leben von Gott her gemeint ist: aus einer Unheilsituation zum Heilwerden des Menschen, aus der Fremdbestimmung zur Selbstbestimmung, aus der Selbstentfremdung zum Selbstsein. Dieses »Brotbrechen« verwendet er jetzt bei den Emmaus-Jüngern als Zeichen, um sich erkennen zu geben. Jetzt erst erkennen sie den fremden Mann, doch er entzieht sich ihren Blicken.

---

37 Hier wird der Begriff *Symbol* statt *Zeichen* verwendet. Zum Unterschied: Ein Zeichen weist eher von sich weg auf etwas Anderes hin, wie z.B. ein Verkehrszeichen, das den Weg in eine bestimmte Stadt anzeigt. Ein Symbol weist nicht von sich weg, sondern auf sich selbst hin, es enthält in sich, worauf es verweist. Als Beispiel: Der Windsack an der Autobahn weist auf den Wind hin, den er in sich enthält.

Sie können ihn nicht festhalten, weder diesen Augenblick noch ihn selbst. Aber er hinterlässt eine Spur: Im Rückblick auf ihre Gespräche beim Gehen stellen sie fest: Brannte uns nicht das Herz, als er mit uns sprach und uns den Sinn der Heiligen Schrift erschloss? (vgl. Lk 24,13–35) Da ist einer, der die Zusammenhänge kennt und sie uns erklären kann. Er spricht authentisch und ist ganz durchdrungen von dem, was er erzählt. Er kennt das Wirken Gottes in dieser Welt. Er verkörpert es selbst. Das entzündet ihr Herz. Das ist der entscheidende Punkt. Da ist jemand ganz von Gott erfüllt, und dieser glühende Funke springt auf sie über. Die Begegnung mit ihm bewegt etwas in ihnen (Seelenbewegungen). Es entsteht eine große Freude, ein brennendes Herz. Und das wiederum bewirkt etwas: Es treibt sie an (Antrieb), sogleich voll Freude nach Jerusalem zurückzukehren.

Die zweite Geschichte ist jene der Fischer am See Genezareth. Sie sind dem Mann aus Nazareth zu Lebzeiten begegnet. Er beruft sie in seine Nachfolge, und sie folgen ihm. Dafür verlassen sie alles: ihre Familien, ihre Boote, ihren Beruf. Sie ziehen drei Jahre mit ihm umher als seine engsten Vertrauten. Er unterrichtet sie, lässt sie teilhaben an seinem Leben. Er heilt, predigt und verkündet eine ganz neue Lehre vom Reich Gottes, das nicht von dieser Welt ist. Durch die Verkündigung dieser neuen Lehre und dadurch, wie er selbst sie verkörpert, zieht er viele Menschen in seinen Bann. Aber gleichzeitig bringt er auch Menschen gegen sich auf. Sie werden aggressiv. Sie verurteilen ihn, weil er am Sabbat Kranke heilt, Sünden vergibt und sich sogar für den Sohn Gottes hält. Das ist unerträglich für sie. Sie beschließen, ihn zu töten. An ihm scheiden sich die Geister: »Wer nicht mit mir ist, ist gegen mich« (Mt 12,30).

Mit Hilfe der Römer wird er ans Kreuz genagelt. Für seine Freunde war damit alles zu Ende. Sie hatten ihr ganzes Leben auf diese eine Karte gesetzt und alles verlassen. Jetzt haben sie alles verloren. Manche hatten gehofft, dass er der Messias sei, auf den das Judentum wartete. Und dann ist alles vorbei. Was macht man, wenn alles zusammenbricht? Irgendetwas: Staubwischen, herumsitzen, spazierengehen. So auch die Jünger: Sie sitzen herum, bis es einem von ihnen zu dumm wird und er sagt: Ich gehe fischen. Da die anderen auch nichts Besseres zu tun haben, gehen sie mit. Wenn das alles ein Irrtum war und sie auf das falsche Pferd gesetzt haben, bleibt ihnen nichts anderes übrig, als wieder langsam ins normale Berufsleben zurückzukehren. Sie müssen schließlich von etwas leben. Aber in dieser Nacht fangen sie nichts, gar nichts. Das ist der zweite Zusammenbruch: Zuerst werden alle Hoffnungen, die sie in diesen Menschen gesetzt hatten, zerstört, und jetzt haben sie auch im ursprünglichen Beruf keinen Erfolg mehr. Sie fangen nichts! Der totale »Nullpunkt«. So fahren sie ans Land.

Dort steht am Morgen ein Mann, den sie nicht kennen und der ihnen eine noch frustrierendere Frage stellt: Habt ihr etwas zu essen? Nein, können sie nur sagen, das siehst du doch, wir haben nichts gefangen. Und dann kommt der Höhepunkt: Der fremde Mann besitzt auch noch die »Frechheit« (so müssen sie es erlebt haben), ihnen, den erfahrenen Fischern, in ihrer Verzweiflung zu sagen: Fahrt noch einmal hinaus. Das muss sie gedemütigt haben, dass ihnen ein »Besserwisser« sagt, was sie tun sollen. Die Bibel muss man so lesen, dass man sich in die betroffenen Personen hineinversetzt, wie sie ihre Situation *aus dem Moment* heraus erlebt haben und nicht aus einer distanzierten Sicht nach zweitausend Jahren. Sie mussten denken, dass sie da jemand auf den Arm nehmen und lächerlich machen will, als er ihnen sagt, sie sollten am Morgen, wo man keine Fische mehr fängt, noch einmal hinausfahren. Und doch sind sie so verzweifelt, dass sie einfach tun, was der Mann sagt. Sie haben sowieso nichts mehr zu verlieren. Vielleicht spüren sie, dass diese Worte eine andere Kraft haben. Oder es ist der Klang der Stimme, der ihr Vertrauen hervorruft. Intuitiv folgen sie seinem Rat. Sie fahren noch einmal hinaus und fangen so viele Fische, dass sie ihre Netze kaum an Land ziehen können.

Was bedeutet das? Ihre Hoffnung auf den Messias ist zerbrochen und das eigene Berufsleben scheint auch gerade zu scheitern. Aus eigener Anstrengung schaffen sie es nicht mehr. Das ist die absolute Niederlage. Jetzt, am Ende ihrer Kräfte und ihres Weges, kommt der Umbruch. Auf die Worte des unbekannten Mannes hin verändert sich alles. Ist dieser Mann vielleicht doch jemand anderes als irgendein Mensch am Ufer des Sees? Hat er vielleicht etwas mit dem Messias zu tun, oder ist er es womöglich selbst? Dann käme er ja ganz anders daher, als sie es erwartet hatten. Er käme nicht als äußerer Retter, der Soldaten schickt, um das Volk zu befreien, sondern als jemand, der *in den Menschen* etwas bewirkt, das sie selbst nicht zustande gebracht haben. Er lässt sie aus einer anderen Kraft heraus handeln. Sie entdecken dabei etwas, was sie für unmöglich gehalten hatten. Die Netze sind voll, die Erfolglosigkeit verwandelt sich in unerwartete Fülle.

Wie also kommt jener, den die Christen den Messias nennen, in seiner Zeit vor, wie kommt er heute vor? Er wird geboren, lebt in Nazareth, lernt einen Beruf, arbeitet als Zimmerman, hält Predigten, heilt Menschen, stellt sich dem Bösen, liefert sich der Welt aus und wird gekreuzigt. Und dann – nach drei Tagen – ist er wieder da, aber dieses Dasein ist unerkannt, als Fremder, als Wegbegleiter, als unbekannter Mann am See, als Gärtner. Er kommt ganz still, fast unbemerkt, unerwartet und unerkannt. Aber er hinterlässt Spuren: Er bewegt die Herzen der Emmaus-Jünger, er nimmt die Fischer in ihrer Verzweiflung ernst und bewegt sie, noch einmal hinauszufahren (Seelenbewegung, Antrieb).

Als sie die Fülle an Fischen in den Netzen sehen, sind sie tief im Innersten bewegt und einer von ihnen sagt fast schüchtern, ungläubig und ehrfurchtsvoll: »Es ist der Herr« (Joh 21,7). Später heißt es, sie wagten nicht, ihn zu fragen, wer er sei (vgl. Joh 21,12). Und schließlich ist sogar für die Kleinigkeiten des Alltags gesorgt: Als sie an Land kommen, ist schon ein Kohlenfeuer angezündet und darauf liegt ein Fisch, und Brot gibt es auch (vgl. Joh 21,9). Er räumt Hemmnisse weg, die das Leben blockieren, und sei es durch Krisen hindurch. Er taucht womöglich in einer Phase des Lebens auf, in der der Mensch aus eigener Kraft nicht mehr weiterweiß und fast gezwungen ist, »das Heft aus der Hand« zu legen, und es in *seine* Hand zu geben. Dabei geht es um einen Regiewechsel: Nicht mehr ich mache, sondern du machst. Auf *sein* Wort hin fahren die Fischer noch einmal hinaus. Die Tradition nennt diesen Tiefpunkt: die Gnade des Nullpunktes. Von diesem Nullpunkt aus kommt der Umbruch. Wo der Mensch zugrunde geht, kann er auf seinen Seelengrund treffen, um von ihm und dem göttlichen Geist aus neu geboren zu werden. Das ist auch das Bild der Taufe: Der Mensch wird untergetaucht, um von dort her wieder neu geboren zu werden: Ihr müsst aus diesem göttlichen Geist neu geboren werden (vgl. Joh 3,7).

Wo der Mensch zugrunde geht, kann er auf seinen Seelengrund treffen, um von ihm und dem göttlichen Geist aus neu geboren zu werden.

Will man dieses Geschehen auf das konkrete Leben des Menschen umlegen, dann sieht man, dass ein solcher Umbruch oft in der Lebensmitte geschieht, den die Psychologie mit dem Begriff der »midlife crisis« belegt. Diesen Umbruch in der Lebensmitte[38] beschreibt Carl Gustav Jung so, dass

38 Vgl. ähnlich dazu schon Matthias Beck, Leben – Wie geht das? Wege zur Lebensentfaltung. Styria Verlag 2018, 146–151.

der Mensch das, was er in der ersten Lebenshälfte draußen fand (z.B. Beruf, Familie), in der zweiten Lebenshälfte drinnen finden muss. Und »drinnen« meint nicht nur, sich mit seinen emotionalen Befindlichkeiten, Konflikten oder ungelösten Vater- und Mutterbeziehungen auseinanderzusetzen (das auch), sondern vor allem mit den letzten Grundfragen des Seins.

Carl Gustav Jung resümiert, dass er keinen Patienten jenseits der Lebensmitte hatte, »dessen endgültiges Problem nicht das der religiösen Einstellung wäre«[39]. Jung ist sogar der Meinung, dass das »Problem der Heilung ... ein religiöses Problem«[40] sei und meint, dass Fragen der Seele und der Heilung in den theologischen Bereich gehörten:

»Heute sind wir von der Zerstörung bereits erreicht, die Seele hat Schaden gelitten und darum zwingen die Kranken den Seelenarzt in eine priesterliche Rolle, indem sie von ihm erwarten und verlangen, von ihrem Leiden erlöst zu werden. Darum müssen wir Seelenärzte uns mit Problemen beschäftigen, die, streng genommen, eigentlich der theologischen Fakultät zufielen.«[41]

Der wichtigste *geistliche* Autor, der diese Probleme der Lebensmitte beschreibt, ist *Johannes Tauler* (circa 1300–1361). Er spricht davon, dass das Innere des Menschen in dieser Phase seines Lebens siebzig

---

39 Carl Gustav Jung, Psychologie und Religion. München [3]1994, 119.
40 Ebd., 125.
41 Ebd., 128.

Mal am Tag herumgewirbelt wird, und dass der Mensch keine Ruhe findet, wenn er sich jetzt nicht der Wahrheit seines Lebens und der göttlichen Wahrheit im Seelengrund stellt. Er führt aus, dass der Mensch bis zu seinem vierzigsten Lebensjahr von der Natur hierhin und dahin getrieben wird und erst um das fünfzigste Lebensjahr herum seine eigentliche innere Mitte findet.[42] Er ist der Überzeugung, dass der Einzelne diese Turbulenzen der Lebensmitte nur durchstehen kann, wenn er sich spätestens jetzt der ganz anderen göttlichen Dimension öffnet und dem göttlichen Wirken folgt.[43]

Die Kräfte des Menschen allein reichen für die Bewältigung dieser Lebensphase nicht aus. Im Gegenteil, der Mensch ist überfordert, flieht aus der Bedrängnis und erhöht dadurch seine Not. Ohne Leid kommt er gerade durch diese Phase seines Lebens nicht hindurch, er hat nur die Wahl zwischen weniger Leid und mehr Leid, zwischen dem Leid, das zu mehr Leben führt, und jenem, das das Leben langsam absterben lässt. Manch depressive Verstimmung hat hier ihre Ursache.

---

42 Vor allem: Johannes Tauler, Predigten. Vollständige Ausgabe übertrag. und hrsg. v. G. Hofmann. Freiburg 1961, 163 f. (19. Predigt).

43 Vgl. dazu insbesondere: Ignaz Weilner, Johannes Taulers Bekehrungsweg. Die Erfahrungsgrundlagen seiner Mystik. Regensburg 1961, vor allem S. 165 ff.; vgl. dazu auch: Anselm Grün, Lebensmitte als geistliche Aufgabe. Münsterschwarzach ^{13}2001. In dem Buch werden die Ansichten C. G. Jungs aus psychologischer und Taulers aus geistlicher Sicht gegenübergestellt.

So wird bei den Jüngern der Untergang zum Aufgang, und der Strebeprozess leitet neues Leben ein. *Auf sein Wort* hin fahren sie noch einmal hinaus. Auf sein Wort hin! Das ist entscheidend. Sie nehmen sein Wort an. Er ist der Kompass, der zeigt, in welche Richtung es geht und woher die Kraft kommt, den Weg auch zu gehen. Der Erfolg ist überwältigend: Sie *sehen* es mit eigenen Augen. Es hat sich gelohnt, dem Mann am Ufer zu vertrauen. Sie sehen und spüren es: Die Netze sind voll, »es ist der Herr«, ruft einer aus. Und jetzt wird klar, welches Reich er gemeint hat, nämlich ein Reich, das nicht von dieser Welt ist. Es ist nicht das Reich innerweltlicher Machtausübung, das mit Soldaten anrückt. Es ist das Reich innerseelischer Kräfte sowie das Reich der Beziehung zwischen ihm und den Menschen. Von ihm her kommt die Kraft für das Handeln und für das Erreichen des Zieles. Es ist nicht die eigene Anstrengung. Diese Anstrengung gehört aber auch dazu, es ist also ein Zusammenwirken von Gott und Mensch: sie müssen noch einmal hinausfahren und mit großer Mühe die Netze an Land ziehen. Im Zusammenwirken ihrer Anstrengungen mit seiner Kraft entsteht die große Wirkung der vollen Netze. Allein geht es nicht: »Getrennt von mir könnt ihr nichts tun« (Joh 15,5).

Es zeigt sich auch hier, dass seine Macht nicht die Macht der Unterdrückung, sondern die Macht der *Ermächtigung* ist, die dazu ermächtigt, das jetzt Richtige zu vollbringen. Es geht nicht mehr um ein »Machen«, sondern eher um ein »Zulassen«. Es geschieht nahezu »von selbst«, wie in der Natur, nur jetzt mit der freien Zustimmung des Menschen. Das göttliche Wirken ist immer da, so wie die Sonne immer scheint, aber der Mensch muss sich in seiner Freiheit diesem Wirken zuwenden. Das kann den Menschen *entlasten*, da er nicht alles allein aus eigener Kraft schaffen muss, und es auch gar nicht kann. Es kann ihn *ermutigen*, um sich einzulassen auf diesen Urgrund, der trägt und von dem her ihm Kräfte zuwachsen, um das Leben mit seinen Krisen gut bewältigen zu können.

All diese Auferstehungsgeschichten berichten von existentiellen Erfahrungen, die jeder Mensch machen kann.

All diese Auferstehungsgeschichten berichten von existentiellen Erfahrungen, die jeder Mensch machen kann und die über die Leiblichkeit und über die Sinne vermittelt werden: Die Jünger *hören* die Aufforderung, noch einmal hinauszufahren, sie *spüren* die Kraft, es auch zu können und sie *sehen*, dass nach ihrem zunächst erfolglosen Fischfang die Netze plötzlich voll sind. *Im* Sehen der vollen Netze »sehen« und erkennen sie Gott selbst. »Es ist der Herr.«

In einer weiteren Geschichte vom sogenannten ungläubigen Thomas *tastet* und *berührt* Thomas die Wundmale seines Herrn (Joh 20,27) und wird dadurch innerlich so berührt, dass er nur noch ausrufen kann: »Mein Herr und mein Gott.« Maria Magdalena hört die Stimme ihres Meisters, der sie bei ihrem Namen ruft (Joh 20,11–18). Obwohl sie den fremden Mann am Grab zunächst für den Gärtner hält, kann auch sie nur ausrufen: »Rabbuni,

Meister.« Sie erkennt im fremden Mann, den sie nicht kennt, die vertraute Stimme ihres Herrn, den sie kennt.

Eine andere Geschichte ist jene von der Frau am Jakobsbrunnen. Diese ist zwar keine direkte Auferstehungsgeschichte, aber sie bringt zum Ausdruck, worum es geht, und zwar um das alltäglich Diesseitige und das ewig Jenseitige, das der Mensch in seiner Leiblichkeit erfahren kann. Theologisch gesprochen geht es um das Verhältnis von Immanenz und Transzendenz, von Innerweltlichem und »Über-die-Welt-Hinausweisendem«. Jesus sitzt in der Mittagshitze an einem Brunnen. Er hat Durst, aber kein Schöpfgerät. Eine Frau kommt zum Brunnen. Sie hat ein Schöpfgerät und will Wasser aus dem Brunnen schöpfen. Jesus bitte sie, ihm auch etwas zu trinken zu geben. Sie tut es, und er verwickelt sie in ein Gespräch. In diesem Gespräch findet ein Überstieg statt von der innerweltlichen Ebene in eine andere Dimension. Das Thema ist der konkret innerweltliche Durst Jesu und der Frau. Dieser Durst wird übertragen auf eine andere Ebene, nämlich auf den Durst des Menschen nach einem erfüllteren Leben.

Nach diesem kurzen Gespräch sagt Jesus zu ihr, sie solle doch ihren Mann zum Gespräch dazuholen. Sie sagt, sie habe keinen Mann. Jesus bestätigt diese Aussage und sagt ihr auf den Kopf zu, dass auch die anderen Männer, die sie gehabt habe, nicht ihre Männer gewesen wären. Sie ist erstaunt, was er über sie weiß, und sagt später, er könnte der Messias sein, da er ihr alles über ihr Leben gesagt habe.

Was ist das Zentrum der Geschichte? Es geht im Letzten um den Durst der Frau nach mehr Leben, mehr Liebe, mehr Angenommensein. Es ist ein fast unstillbarer Durst. Die vielen Männer stehen dafür.

In dieser Geschichte geht es nicht um Moral. Die Frau wird nicht auf ihr moralisches Handeln angesprochen. Der unbekannte Mann, der mit ihr spricht, will sie zur Erkenntnis führen, wo ihre tiefste Sehnsucht liegt, die in ihrem – vielleicht etwas ungeordneten – Leben zum Ausdruck kommt. Der Mann liest zwischen den Zeilen, schaut hinter die Kulissen und trifft die Frau mitten ins Herz. Er sieht durch alle Alltagsphänomene hindurch auf den Punkt, um den es geht: ihre tiefste Sehnsucht nach mehr Leben, ihr Durst nach Lieben und Geliebtwerden. Ihr Durst ist so groß, dass er in dieser endlichen Welt nicht gestillt werden kann. Es ist immer ein Zuwenig, und sie wird wieder »Durst« bekommen, sich vielleicht neue Männer suchen. Womöglich wird sie wie eine Rauschgiftsüchtige noch mehr »Durst« bekommen und nach einer Dosissteigerung rufen. Es wird ihr nicht helfen. Sie muss einen Paradigmenwechsel vollziehen: Das Löschen des Durstes ist nicht mehr draußen bei den Menschen zu suchen, sondern im eigenen Inneren beim Göttlichen zu finden.

Erst die Hinwendung zum Absoluten und Göttlichen, das in dieser Geschichte verkörpert und verleiblicht wird in der Person Jesu Christi, kann ihren übergroßen Durst stillen: Wer »von dem Wasser trinkt, das ich ihm geben werde, wird niemals mehr Durst haben; vielmehr wird das Wasser, das ich ihm gebe, in ihm zu einer Quelle werden, deren Wasser ins ewige Leben fließt« (Joh 4,13–14). Es geht um die Entdeckung der Quelle des lebendigen Wassers *im Menschen selbst* und nicht in einer äußeren Wunscherfüllung. Es ist dies eine Quelle lebendigen Wassers, die sich ständig von selbst erneuert, permanent fließt und niemals versiegt. Das Löschen des Durstes mit diesem Wasser führt zur Erfüllung des Lebens. Deshalb sagt die Frau zu ihm: »Herr, gib mir dieses Wasser, damit ich keinen Durst mehr habe und nicht mehr hierherkommen muss, um Wasser zu schöpfen« (Joh 4,15). Sie kann es selbst finden. Der unbekannte Mann hat sie durch seine geschickten Fragen dahin geführt, dass sie nun schrittweise ihr bisheriges Leben und darin sich selbst erkennen kann. Im dem Maße, wie sie sich selbst erkennt, erkennt sie auch das Göttliche in sich. Selbsterkenntnis und Gotteserkenntnis gehen Hand in Hand. So kann das Wasser in ihr zu sprudeln beginnen.

Wie geschieht das heute in unserem Dasein? Im konkreten Leben sind diese Erkenntnisprozesse oft eine lebenslange Aufgabe, während sie in diesen biblischen Geschichten – wie auch oft in Märchen – zu einem kurzen Gespräch oder einer kleinen Begebenheit verdichtet werden. Auferstehungsgeschichten bestehen im Kern fast immer aus Einzelgesprächen oder Gesprächen mit wenigen Menschen. Der Einzelne ist wichtig. Maria Magdalena begegnet Jesus allein vor dem Grab, die Emmaus-Jünger sind zu zweit, die Jünger am See vielleicht zu viert, dem Petrus wird bei der Gelegenheit gesagt, er sei der Fels und auf diesem Felsen solle die Kirche erbaut werden. Auch bei einer Krankenheilung geht es um einzelne Menschen, z. B. um Vater und Tochter. Angesichts der Heilung seiner Tochter, bei der der Vater nicht dabei war, fragt der Vater die Freunde, wann denn die Heilung seiner Tochter eingesetzt habe und es wird ihm jene Stunde genannt, in der Jesus zu ihm sagte, dass seine Tochter gesund sei. Der Vater kann dies gedanklich zurückverfolgen und die Uhrzeit der Heilung herausfinden. Er erkennt darin das göttliche Wirken.

So kann jeder im Alltag dieses Wirken entdecken. Es kann eine zufällige Begegnung sein, das Zusammentreffen mit einem Menschen, der etwas von dieser anderen Dimension ausstrahlt, ein Sonnenaufgang, eine Blume, auch eine tiefe Krise, in der jemand steckt und nicht mehr weiterweiß und in seiner Not »zum Himmel schreit«. Oft öffnen erst schwere Krisen das verhärtete Herz und die innerweltlich fixierten Gedanken für diese ganz andere Dimension. Um derartige kleine Situationen und Begebenheiten nicht zu übersehen und wachsam für sie zu sein, gilt es im Folgenden, die Gefühle im Inneren, die Seelenregungen und das Gespür noch genauer darzustellen.

Wo der Mensch
zugrunde geht,
kann er auf seinen
Seelengrund treffen.

DIE ANALYSE DER EMOTIONEN – GESPÜR FÜR SICH SELBST

Wenn wir all das zusammenfassen, was wir bisher reflektiert haben, kann man als Zwischenergebnis festhalten, dass die Leiblichkeit und die sinnlichen Wahrnehmungen des Menschen von zentraler Bedeutung für die Erfahrung des Göttlichen sind. Es kommt oft ganz unscheinbar daher, man kann sich ihm aber auch ausdrücklich zuwenden. Der Mensch kann darauf achtgeben, wie es ihm in bestimmten Situationen geht und was sich in seinem Inneren bewegt. Oft fragen mich Menschen in Gesprächen, wie sie das Richtige und das Göttliche erkennen. Und dann frage ich sie zurück: Ist es jetzt gut und stimmig für sie, dass sie jetzt hier sitzen und wir sprechen? Oder wären sie lieber woanders. Und dann sagen die meisten von ihnen ganz überrascht: Ja, natürlich ist es jetzt gut, sonst wäre ich ja nicht hier. Und dann sage ich: Genau das ist es. Wahrnehmen, was jetzt ist. Jetzt! Das ist der wesentliche Schritt. Aber ich frage weiter: Warum sind sie überhaupt zu dem Gespräch gekommen? Offensichtlich deshalb, weil in ihrem Leben etwas nicht stimmt, weil eine Unordnung herrscht oder weil ihnen etwas fehlt, was zu einer Unruhe geführt hat, die eingeordnet werden will.

Die Vergangenheit ist vorüber. Die Zukunft ist noch nicht da. Also bleibt nur die Gegenwart.

Das Eine ist also, dass das Hiersein und das Gespräch jetzt gut sind, aber die Ursache für das Gespräch selbst ist etwas, das nicht passt. Entweder stimmt die Bewegungsrichtung nicht, oder es geht etwas zu schnell oder zu langsam. Der Philosoph Martin Heidegger hat es so ausgedrückt, dass der Mensch in die Gegenwart kommen solle, da er eigentlich nur das *Jetzt* zur Verfügung habe. Die Vergangenheit ist vorüber, die letzten zehn Minuten kommen nie wieder. Die Zukunft ist noch nicht da, wir wissen gar nicht sicher, ob sie kommt. Also bleibt nur die Gegenwart. Es ist dies die Gegenwart der Vergangenheit, die Gegenwart der Zukunft und die Gegenwart der Gegenwart. So kann es sein, dass ich in der Gegenwart zwar ruhig bin, weil ich weiß, dass es jetzt gut ist, hier zum Gespräch zu sein, aber es hat mich zu diesem Gespräch gedrängt, weil entweder in der Vergangenheit etwas schiefgelaufen ist, das mich jetzt belastet, oder ich für die Zukunft Entscheidungen treffen muss, die mich unruhig machen. Oft zwingen Krisen und Unsicherheiten den Menschen in diese Gegenwart. So war es bei den verzweifelten Fischern am See, so bei den Emmaus-Jüngern und so ist es in gewisser Weise auch heute in der Corona-Krise. Man kann nicht viel planen und nicht viel »in der Zukunft leben«, sondern muss im Heute sein.

Der heilige Augustinus hat in der Gegenwart und im Jetzt sogar einen Hinweis auf die Ewigkeit gesehen. Er hat sich gefragt, wie man im Fortgang der Zeit eine Ahnung von Ewigkeit gewinnen könne. Und er stellte fest, dass man eine Melodie nur dann als Melodie erkennen kann, wenn man den letzten Ton noch hört, den jetzigen Ton jetzt wahrnimmt und den zukünftigen Ton »voraushört«. Er meinte, dass man die Melodie nur dann erkennen kann, wenn man Vergangenheit, Gegenwart und Zukunft im Jetzt »zusammenhört«. Das Jetzt lässt die Zeit im Augenblick »zusammenschmelzen«, das Jetzt kann eine Ahnung von Ewigkeit vermitteln, vielleicht sogar eine Ahnung vom Göttlichen.

Womöglich sagen manche jetzt: So einfach ist das, so simpel, mehr nicht? Ist da nicht mehr dahinter, irgendetwas Spektakuläres? Nein, zunächst nicht. Wenn wir von Gott reden, müssen wir wohl sagen: Gott ist ganz *einfach*, er ist ganz einfach *da*, ganz nah, mal mittelbar, mal ganz unmittelbar. Er ist nicht simpel oder dumm, sondern *ganz* einfach. Das wird Sie überraschen. Mehr ist da zunächst nicht: ein still wachsender Grashalm, ohne Lärm, die scheinende Sonne, das schlagende Herz, ein einfaches Wort: »Fahrt noch einmal hinaus«, nichts Besonderes. Aber die Fischer sind aufgrund ihrer Not wachsam für diesen Augenblick. Die Not hat sie hellhörig gemacht. In dieser Gegenwart des Momentes zeigt sich etwas Anderes: In ihnen wirkt eine Kraft, die sie noch einmal hinausfahren lässt. Die Wirkung ist überwältigend: Die Netze sind voll. Es geht also um das Wahrnehmen der Gegenwart und um das, was sich in der Gegenwart ereignet.

Viele Menschen richten sich auf die Vergangenheit oder die Zukunft aus: »Früher war alles besser«, das ist der Blick nach hinten. »Wenn ich erstmal das und das erreicht habe, wird alles besser«, das ist der Blick nach vorne. Doch das Vergangene kommt nicht wieder, und das Zukünftige ist noch nicht da. So leben diese Menschen eigentlich im »Nichts« und an der Wirklichkeit vorbei. Das »Wirkliche« ist die Gegenwart, und sei sie noch so schwer auszuhalten oder Angst machend. Die Corona-Krise hat auch das gezeigt. In der Isolation war jeder auf sich zurückgeworfen und in gewisser Weise ins Jetzt gezwungen.

So kann der Mensch in seinem Leib mit allen Sinnen erfahren, wie es *jetzt* um ihn steht, wie es ihm geht, wie sein Verhältnis zu sich selbst, zum Anderen und zum Absoluten ist. Äußere Sinneswahrnehmungen wie Sehen und Hören können hinüberführen in ein inneres Sehen und Hören. Auch die äußeren Bedürfnisse des Dursthabens und Hungerhabens können im übertragenen Sinn auf einen Lebenshunger oder Lebensdurst nach einem erfüllten Leben hinweisen. Ignatius von Loyola verwendet für die emotionale Dimension des Menschen nicht Begriffe wie Gefühl oder Gespür, sondern spricht von inneren Antrieben, Neigungen, Seelenbewegungen, Seelenregungen. Gerade der Begriff der Seelenbewegungen deutet auf eine dynamische Bewegung im Inneren des Menschen hin. Diese Bewegung der Seele kann dazu hinführen, das Jetzt wahrzunehmen und hinzuspüren, wie ich mich hier und jetzt fühle und gestimmt bin.

So kann der Einzelne einerseits innerlich durch verschiedene Ereignisse bewegt werden (Brannte uns nicht das Herz?), und andererseits äußerlich in eine bestimmte Richtung des Lebens unterwegs sein. Beide Bewegungen hängen zusammen.

Bewegen heißt im Lateinischen *movere*. Von diesem Wort sind die Begriffe »Motiv« und »Emotionalität« abgeleitet. der Mensch kann sich klar werden, welche Motive und Emotionen seinen Entscheidungen und Handlungen zugrunde liegen, und in welche Richtung er sich mit seinem Leben gerade bewegt, ob mehr zum Positiven oder mehr zum Negativen. Die gute Bewegungsrichtung macht sich – wie bereits erwähnt – in Phänomenen der Freude und des tiefen inneren Friedens bemerkbar. Die falsche Richtung ist eher mit Unruhe, Angst, Unfrieden, Zerrissenheit und Getriebensein verbunden.

Mit diesem Frieden ist weder ein oberflächlicher Frieden noch ein Frieden nach faulen Kompromissen gemeint, zudem ist dieser Frieden auch nicht mit Trägheit und Antriebslosigkeit zu verwechseln, sondern es handelt sich um einen tiefen Frieden, der Ausdruck einer dynamischen Lebensbewegung in die richtige Richtung ist. Der Mensch kann diese äußeren Lebensbewegungen und inneren Bewegtheiten einordnen lernen. Er hat damit einen Kompass in der Hand (oder im Herzen), der ihm anzeigt, ob er auf dem richtigen Weg ist. Je mehr er diese inneren Seelenbewegungen einordnen kann, desto weniger wird der Einzelne noch unbedacht durchs Leben laufen. Er wird mehr und mehr begreifen, warum er etwas tut, und wie er sich gut entscheiden kann. Es geht um persönliche Selbstwahrnehmung und Bewusstwerdung.

Entscheidungen werden – das wissen wir aus der Psychologie – nicht nur rational getroffen, sondern vor allem emotional. Es geht um das Zusammenspiel von Emotionalität und Rationalität. Die emotionale Ebene des Menschen ist mehrdimensional strukturiert.[44] Da sind zum einen die zwischenmenschlichen *Gefühle*, die anderen Menschen oder Situationen gelten. Jemand freut sich, einen alten Freund zu sehen, er ist begeistert von einem Sonnenaufgang oder traurig über den Verlust eines

---

44 Das Folgende ist schon ähnlich publiziert in: Matthias Beck, Krebs. Körper, Geist und Seele einer Krankheit. Styria Verlag Wien-Graz-Klagenfurt 2017, 89 ff.

geliebten Menschen. Dann geht es auf einer tieferen Ebene – um nur diese beiden zu nennen[45] – um eine Emotionalität, die sich im »Hintergrund« der zwischenmenschlichen Gefühle abspielt und sich auf eine existentielle Seinsdimension bezieht, auf das Ganze des Lebens, auf das Absolute, auf Gott. Statt vom Gefühl kann man hier vom »Gespür« oder vom »Spüren« sprechen. Philosophisch kann man es so formulieren, dass die aktuellen Gefühle eine Art »Aktfreude« sind (Hans Urs von Balthasar), die sich auf konkrete Ereignisse beziehen, während man die tiefere Dimension als »Seinsfreude« beschreiben kann, die eine freudige und friedliche innere Stimmigkeit beinhaltet. Sie ist eine Art tiefer positiver Gestimmtheit, die von innen her die Gefühle durchdringt. Der Mensch ist immer irgendwie gestimmt, so sagt es der Philosoph Martin Heidegger. Wichtig wäre es, immer mehr von der Aktfreude hin zu dieser Seinsfreude zu kommen.

Jedes Gefühl ist von einer bestimmten »Seinsstimmung« durchdrungen, und diese stellt die »Hintergrundstimmung« aller anderen aktuellen Gefühle dar.

Das, was man in diesem Sinn Gespür oder Seinsfreude nennen kann, liegt nicht »neben« oder »unterhalb« der geistigen Fähigkeiten, sondern bezieht sich auf die Integration des ganzen personalen Lebens. Diese Ebene *durchzieht alle Einzelzustände* und macht die Gesamtgestimmtheit des Menschen aus.[46] Anders ausgedrückt: Dem Gefühl als Ausdruck der zwischenmenschlichen Beziehungen liegt die Ebene des Gespürs und der inneren Gestimmtheit zugrunde, die das Ganze durchwirkt. Jedes Gefühl ist von einer bestimmten »Seinsstimmung«

45 Man könnte auch noch mehrere Ebenen unterscheiden. Vgl. z. B. Theodor Haecker, Metaphysik des Fühlens. München ^{2}1955.

46 Vgl. Hans Urs von Balthasar, Herrlichkeit. Eine theologische Ästhetik, Bd. I: Schau der Gestalt. Einsiedeln 1961, 236.

durchdrungen, und diese stellt die »Hintergrundstimmung« aller anderen aktuellen Gefühle dar.[47] Sie betrifft den personalen Kern des Menschen.[48] Es ist eine Art von »Angerührtsein«[49] aus einer anderen Dimension des Seins, die »nicht von außen her überwältigend, sondern von innen erleuchtend und überzeugend«[50] wirkt.

Wenn es allgemein um Gestimmtheit und Stimmigkeit geht[51], bedarf es offensichtlich eines Abgleichs zweier Gegebenheiten: Ein Instrument wird gestimmt an einem vorgegebenen »Kammerton a«. Diesen vorgegebenen »Ton« gibt es auch im Seelengrund des Menschen. Es ist der Horizont des Absoluten, der Seelengrund, das Göttliche und sogar noch konkreter: das göttliche Wollen. Wenn sich der Mensch auf diesen Grund einlässt und seinem Wirken folgt, kommt in ihm etwas zum Schwingen und ruft eine gute innere Resonanz und Stimmung hervor. Es klingt dann gut im Menschen. Diese Stimmigkeit ist das Resultat des »Sich-Einlassens« auf diesen letzten Grund, der den eigenen Grund übersteigt und ihm zugrunde liegt. Theologisch kann man es so ausdrücken: »Es ist Gestimmtsein als Übereinstimmung mit dem Rhythmus Gottes selbst, deshalb Zustimmung nicht nur zu seinem Sein, sondern zu seinem freien, je neu dem Menschen zuwehenden Wollen.«[52]

---

47 Dass der Geist die Seele umgreift bzw. ihren Grund darstellt, kommt im Titel eines Kapitels von Karl Barth zum Ausdruck: »Der Geist als Grund der Seele und des Leibes«: Karl Barth, Dogmatik III. Die Lehre von der Schöpfung, Teil 2. Zollikon-Zürich 1948, 414–439, hier 414. Insofern kann man schließen, dass auch das Gespür dem zwischenmenschlichen Gefühl im Inneren der Seele zugrunde liegt, es umfasst und durchdringt.

48 Hier kommt der Begriff »Per-son« zu dem, was vom Wort »per-sonare« (hindurchtönen) her nahe liegt: Etwas Anderes tönt durch die Person hindurch. Allerdings kommt der Begriff »Person« etymologisch von »persona«, die Maske. Durch die Maske des Schauspielers tönt dessen Stimme hindurch.

49 Balthasar, Herrlichkeit I, 236.

50 Balthasar, Herrlichkeit. Eine theologische Ästhetik, Bd. III/2,2: Theologie. Neuer Bund, Einsiedeln 1969, 284.

51 Vgl. zum Folgenden ähnlich und ausführlicher: Matthias Beck, Seele und Krankheit. Psychosomatische Medizin und theologische Anthropologie. [3]2003, 238 ff.

52 Balthasar, Herrlichkeit I, 242.

DIE BEWEGUNGSRICHTUNG DES MENSCHEN – TROST UND TROSTLOSIGKEIT

Ignatius von Loyola geht im Anschluss an Aristoteles und Thomas von Aquin davon aus, dass der Mensch eher von innen nach außen »strukturiert« ist als umgekehrt, und dass Gedanken und innere Antriebe aus dem Geist des Menschen oder aus anderen Dimensionen stammen (dazu bedarf es der Materie des Gehirns) und nicht aus den Potentialschwankungen des Gehirns.[53] Spätestens an dieser Stelle fragen sich vielleicht einige von Ihnen, woher man wissen kann, dass bestimmte Antriebe aus dem göttlichen Bereich oder aus dem Geist des Menschen stammen und nicht aus der Materie des Gehirns. Der moderne Mensch würde wie selbstverständlich sagen, dass die Gedanken aus der Materie des Gehirnes stammen und die Antriebe im Sinne der Triebe Sigmund Freuds vor allem aus den Hormonschwankungen. Gerade zum ersten Thema gab es in den letzten 20 Jahren rege Diskussionen.[54]

Während der moderne Mensch meist von der Materie zum Geist denkt, war es in der mittelalterlichen Philosophie genau umgekehrt. Hier wurde darüber reflektiert, wie der Geist der Materie zugrunde liegt. Das ist philosophisch sehr kompliziert zu begründen[55] und kann hier nicht weiter ausgeführt werden, aber vielleicht kann man diesen Punkt – der wegen der besseren Lesbarkeit nicht ausgeführt wird – so zusammenfassen: Der Jesuit Karl Rahner, der selbst – wie alle Jesuiten – diese großen 30-tägigen Exerzitien zweimal im Leben gemacht hat,

53 Hier müsste eigentlich das ganze Leib-Seele-Problem oder das moderne Geist-Gehirn-Problem reflektiert werden. In den ersten Entwürfen des Buches gab es hier ein langes Kapitel darüber, aber es störte den Gedankenfluss und wurde daher wieder herausgenommen. Für eine Vertiefung vgl. dazu ausführlich Matthias Beck, Seele und Krankheit. ³2003.

54 Vgl. dazu u. a. Thomas Fuchs, Das Gehirn – ein Beziehungsorgan. Kohlhammer Verlag ⁵2016.

55 Vgl. dazu Matthias Beck, Seele und Krankheit. ³2003.

bringt diese unterschiedlichen Sichtweisen, woher die inneren Seelenbewegungen und Antriebe stammen, so auf den Punkt: Er schreibt, »daß der Mensch von heute mit seinem spontanen Lebensgefühl nur sehr schwer bereit sein wird, etwas, was er in seinem Bewußtsein entdeckt, als eine höchst persönliche Einwirkung Gottes anzuerkennen, seine Stimmungen, Antriebe, seinen ›Trost‹ und ›Mißtrost‹ als eine Wirkung transzendenter Mächte zu begreifen. Er wird eher an Hormone, Wirkungen des Wetters, erbbiologische Charakterbedingtheiten, Echo aus dem Unterbewußtsein, Komplexe und an tausend andere Dinge denken, bevor er auf den Gedanken kommt, daß da Gott, sein Engel oder der Teufel am Werk ist.«[56] Der Mensch wird noch zugeben, *dass* die Erfahrungen der seelischen Innenwelt religiös bedeutsam sind und etwas mit Gott zu tun haben, »aber daß sie unmittelbar von Gott bewirkt sein könnten, wird ihm heute nicht leicht einleuchten«[57].

Nach dieser Auffassung muss der Mensch damit rechnen, dass Gott selbst den Willen des Menschen bewegt und dass der Mensch »*innerhalb* des Bereiches, in dem auch andere gute Antriebe vorkommen können«[58], ausdrücklich göttliche Antriebe vorfindet, die er erkennen kann. Für die Ethik und das richtige Handeln des Menschen fasst es Rahner so zusammen: Es geht bei der Analyse der Antriebe darum, »daß man daraus, *woher* der Antrieb stammt, allererst erkennt, ob er gut ist«[59]. Das heißt für das Handeln: Die Erkenntnis der Güte einer Tat ist letztlich erst »*aus* der Erkenntnis der Herkunft«[60] des Antriebes zu erkennen – ob aus dem göttlichen Geist oder nicht.

---

56 Karl Rahner, Die Logik der existentiellen Erkenntnis bei Ignatius von Loyola, in: ders., Das Dynamische in der Kirche (QD 5). Freiburg i.Br. 1958, 74–147, hier 105 f.

57 Ebd., 106.

58 Ebd., 104.

59 Ebd., 103.

60 Ebd.

Für das persönliche Leben ist bedeutsam, dass diese inneren Antriebe und Anregungen nicht beliebig sind. Der Mensch sollte ihnen folgen, einerseits um dem göttlichen Wirken und damit seinem Willen und Plan zu folgen, um andererseits dadurch die eigene innere Erfüllung zu finden und zum Heil der eigenen Seele beizutragen. Ein Franz von Assisi hätte selbstverständlich das Geschäft seines Vaters übernehmen können, wie viele Söhne oder Töchter das eben tun. Aber für ihn in seiner Einzigartigkeit war es *besser*, auf alles zu verzichten. So geht es oft nicht nur um »gut und böse«, sondern auch um »gut und besser«. Es war für ihn das *bessere* Mittel, um auf seinem Weg des Findens des eigenen Wesens, der Gottesnähe und der Liebe fortzuschreiten. Dazu Rahner: »Von da aus ist, dort wo das ›bessere Mittel‹ konkret angeboten wird und als solches wirklich und zwar für hier und jetzt erkannt wird, mit ihm nicht nur eine sittliche Möglichkeit, sondern eine sittliche *Forderung* für den betreffenden Menschen gegeben (und gleichzeitig ermöglicht), obwohl der andere Weg an sich auch einen positiven sittlichen Wert darstellt.«[61] Obwohl die Übernahme des Geschäftes gut gewesen wäre, hat Franz von Assisi das Bessere gewählt, der Welt damit einen wichtigen Dienst erwiesen und zum Heil der eigenen Seele beigetragen. Sich diesem Auftrag zu widersetzen, wäre eine Abkoppelung von einem konkreten göttlichen Wollen. Karl Rahner kommentiert dies so: »Eine Weigerung ihm gegenüber wäre die ausdrückliche Verweigerung des Willens zum größeren Wachstum in der Liebe Gottes.«[62]

Der menschliche Geist ist nach Ignatius so strukturiert, dass es dreierlei *Gedanken* im Menschen gibt: Gedanken, die der eigenen Freiheit und dem eigenen Willen entspringen, und Gedanken, die von woanders kommen, »der eine vom guten, der andere vom bösen Geist« (EB 32) und ebenso verschiedene

---

61 Karl Rahner, Schriften zur Theologie I-XII. Einsiedeln-Zürich-Köln 1954–1972, hier. Schr. VII, 416.

62 Ebd.

Antriebe, die ebenfalls aus dem Ich, dem guten göttlichen Geist oder dem unguten Geist der Zerstreuung und des Bösen stammen (diese Gedankengänge des Ignatius wurden schon bei der inhaltlichen Präsentation der zweiten Woche der Exerzitien kurz vorgestellt). Jeder Mensch kennt das wohl von sich, dass es Gedanken gibt, die nicht nur Gutes wollen, sondern auch Böses, um anderen zu schaden.

Die Antriebe treiben den Menschen in eine bestimmte Richtung. Es geht darum zu erkennen, in welche Richtung der Einzelne unterwegs ist. Es geht nicht so sehr um die Analyse eines statischen Zustandes, sondern um den Blick auf die Bewegung des Lebens. Anhand der inneren Seelenbewegungen und der Richtung der Lebensbewegung kann der gute vom schlechten Geist noch besser unterschieden werden. Bei denen, die »vom Guten zum je Besseren« (EB 315) fortschreiten, ist es dem guten Geist zu eigen, »Mut und Kraft, Tröstungen … Einsprechungen und Ruhe zu geben, indem er alle Hindernisse leicht macht und weghebt, damit man im Tun des Guten weiter voranschreite« (EB 315). Dem bösen Geist ist es zu eigen, »zu beißen, traurig zu stimmen und Hindernisse zu legen, indem er mit falschen Gründen beunruhigt, damit man nicht weiter vorrücke« (EB 315). Auch hier ist ein Hinweis in Richtung Ethik zu geben. Es geht über die Einordnung einer Tat in »gut« und böse« hinaus zur Dimension von »gut« und »besser« zu kommen: »Maria hat das Bessere gewählt« (vgl. Lk 10,38), oder: »Die Reben am Weinstock sollen *mehr* Frucht bringen (vgl. Joh 15,2).

Um diese Seelenbewegungen und Antriebe zu beschreiben, wurden schon zwei Begriffe genannt: Trost und Trostlosigkeit. Es handelt sich dabei um Seelenqualitäten, die sich einstellen, wenn der Mensch »richtig« oder »falsch« unterwegs ist. »Ich rede von Trost, wenn in der Seele eine innere Bewegung sich verursacht, bei welcher die Seele in Liebe zu ihrem Schöpfer und Herrn zu entbrennen beginnt« (EB 316). Das Innere des Menschen wird nach dieser Auffassung vom göttlichen Wirken berührt, und der Mensch, der sich diesem Wirken öffnet und ihm folgt, wird entflammt und »entbrennt«. Er macht eine existentielle Erfahrung. Das Gegenteil davon ist die Trostlosigkeit, die mit »Verfinsterung der Seele, Verwirrung in ihr, Hinneigung zu den niedrigen und erdhaften Dingen, Unruhe verschiedener Getriebenheiten und Anfechtungen« beschrieben wird, bei der sich »die Seele ganz träg, lau, traurig findet und wie getrennt von ihrem Schöpfer und Herrn« (EB 317).

Das Innere des Menschen wird nach dieser Auffassung vom göttlichen Wirken berührt, und der Mensch wird entflammt und »entbrennt«.

Ignatius gibt auch Gründe an, warum der Mensch in eine solche Trostlosigkeit geraten kann: Ein Grund ist, wenn der Mensch zu oberflächlich lebt und seine täglichen geistlichen Übungen im Sinne der regelmäßigen Stille, der Reflexion und des Gebetes nicht einhält. »Drei Gründe sind es vornehmlich, warum wir uns trostlos finden. Der erste, weil wir lau, träge oder nachlässig in unseren geistlichen Übungen sind: so zieht sich durch unsere Schuld der geistliche Trost von uns zurück« (EB 322). Der zweite Grund ist eine Prüfung des Menschen, wie es um seine Gottesbeziehung steht: Ob der Mensch sie nur pflegt, wenn er etwas davon hat (Freude, Trost), oder ob es ihm um die Freundschaft mit Gott als Freundschaft geht, ohne dass er davon viel inneren Trost bekommt. »Der zweite, damit Gott uns erprobe, wie weit wir sind und in welchem Ausmaß wird uns ausgeben in seinem Dienst und Lobpreis ohne einen so großen Sold an Tröstungen und besonderen Gnaden« (EB 322).

Der dritte Grund, warum dem Menschen die Tröstungen entzogen werden, hat seine Ursache in der Gefahr der Überheblichkeit, dass man etwa meint, man könne sich auf die Nähe Gottes etwas einbilden und sich diese womöglich als Verdienst anrechnen. Das ist nicht der Wahrheit entsprechend, denn diese Nähe ist – wie alles im Raum der Liebe – eine freie Gabe: »Der dritte, um uns die wahre Kenntnis und Einsicht zu geben, dazuhin, es inwendig zu erleben, daß es nicht unsere Sache ist, große Hingabe, intensive Liebe, Tränen oder irgendeinen andern geistlichen Trost uns zu verschaffen oder zu erhalten, sondern daß es ganz eine Gabe und Gnade Gottes Unseres Herrn ist, und wir uns nicht in ein fremdes Haus einnisten und unsern Geist in irgendeinem Stolz oder eitlem Ruhm aufblähen, indem wir die Andacht oder andere Teile des geistlichen Trostes uns selber zuschreiben« (EB 322).

Wir finden im Zusammenhang mit diesen inneren Erfahrungen von Trost und Trostlosigkeit auch ganz pragmatische Tipps für den Alltag. Ignatius erwähnt, dass man in Zeiten der Trostlosigkeit keine neuen Entscheidungen treffen und früher getroffene Entscheidungen nicht ändern soll. »Zur Zeit der Trostlosigkeit soll man nie eine Änderung treffen, sondern fest und beständig in den Vorsätzen und der Entscheidung stehen, in denen man am Tag vor dieser Trostlosigkeit stand, oder in der Entscheidung, in der man im vorausgehenden Troste stand. Denn wie uns im Trost jeweils mehr der gute Geist führt und berät, so in der Trostlosigkeit der böse, auf dessen Ratschläge hin wir den Weg nie finden können, um das Rechte zu treffen« (EB 318). Dennoch kann man auch in der Zeit der Trostlosigkeit einiges tun, um gegen diese Trostlosigkeit anzugehen. So meint Ignatius, dass es sehr von Nutzen sei, »uns selber entschieden eben gegen diese Trostlosigkeit hin zu ändern, so etwa, dass wir uns mehr dem Gebet, der Betrachtung hingeben, uns viel prüfen« (EB 319). In dieser Trostlosigkeit kann es sich auch um eine innere Prüfung des Menschen handeln, um »den verschiedenen Antrieben und Anfechtungen des Feindes« zu widerstehen (EB 320) und in Geduld auszuharren (EB 321).

Schließlich hören wir mit drastischen Worten, wie sich der »Feind« (der böse Geist) verhält, der den Menschen von seinem guten Weg abbringen will: Die Kräfte des Feindes sind schwach, »aber er will gerne stark erscheinen« (EB 325). Es ist dem »Feinde eigen, zusammenzusinken und den Mut zu verlieren, so daß seine Versuchungen die Flucht ergreifen, wenn der Mensch, der sich in geistlichen Dingen übt, die starke Stirne gegen seine Versuchungen zeigt, indem er geradewegs das Gegenteil tut; wenn hingegen der sich Übende anfängt, Furcht zu hegen und beim Ausstehen der Versuchungen den Mut zu verlieren, dann gibt es auf der ganzen Welt keine so wilde Bestie wie den Feind der menschlichen Natur, wenn er mit ausgewachsener Bosheit seine tückische Absicht verfolgt« (EB 325). Der Feind will auch unentdeckt bleiben, »er wünscht verborgen zu sein und nicht entdeckt zu werden« (EB 326). Ebenso »wünscht und begehrt auch der Feind der menschlichen Natur, wenn er seine Listen und Einflüsterungen der gerechten Seele einflößt, daß diese im geheimen empfangen und festgehalten werden; entdeckt sie sie aber ihrem guten Beichtvater oder einer anderen geistlichen Person, die seine Betrügereien und Bosheiten kennt, so grämt ihn das sehr, denn er begreift, daß er mit seiner begonnenen Bosheit nicht zum Ziel gelangen kann, da seine klaren Betrügereien offen zutage liegen« (EB 326).

Mit diesen Beispielen zielt Ignatius auf ein psychisches Phänomen, das jeder kennt, aber vielleicht nur psychologisch interpretiert. Jeder Mensch hat (mindestens) eine Schwachstelle in seinem Leben, eine Art Achillesferse, wo er besonders verwundbar ist. Diese gibt es im Bereich der menschlichen Seele und des menschlichen Geistes, aber auch schon auf der Ebene des Körpers, den die Medizin im Auge hat. Man spricht medizinisch vom »locus minoris resistentiae«, vom Ort des geringsten Widerstandes, wo der Körper schwach ist und Bakterien oder Viren angreifen können. Dies geschieht ganz aktuell dort, wo das Corona-Virus auf einen menschlichen Organismus trifft, dessen Immunsystem das Virus nur schlecht erkennt und es dabei zu Überreaktionen des Immunsystems kommt.

Dieses Phänomen der Schwäche gibt es – wie gesagt – auch im Bereich der geist-seelischen Verfasstheit des Menschen. Manchmal ist es nicht leicht, diese herauszufinden, aber mit der Zeit kann man sie entdecken und im Gespräch mit anderen, die etwas davon verstehen, besprechen. Übertragen auf die geistliche Dimension bedeutet dies – mit der Annahme des Ignatius, dass es einen Feind der menschlichen Natur gibt, der den Menschen von seinem guten Weg abbringen will –, dass dieser Feind genau an der schwächsten Stelle des Menschen angreift, dort wo er am verwundbarsten ist. Der Feind, so sagt er, verhält sich »wie ein Häuptling, der einen Platz bezwingen und ausrauben will: Wie ein Hauptmann oder Anführer im Feld Stellung bezieht und Kräfte und Lage der Burg ausspäht, um sie dann an der schwächsten Stelle anzugreifen, ebenso umschleicht auch der Feind der menschlichen Natur rings alle unsere theologischen, kardinalen und moralischen Tugenden, und wo er uns schwächer und ungeschützter zu unserem ewigen Heil hin findet, dort führt er seinen Schlag gegen uns und trachtet, uns einzunehmen« (EB 327).

Diese Beschreibung des Feindes der menschlichen Natur ist sehr drastisch und klingt womöglich für viele Ohren heute befremdlich. Sie kommt aus der Soldatensprache, wo vom Feind und vom Angreifer die Rede ist. Jeder Leser kann dieses Phänomen aber in seine eigene Sprache und in sein eigenes Leben übersetzen. Denn der Inhalt ist sehr aktuell. Der Mensch von heute ist – wie alle Generationen vor ihm – auch diesen negativen Kräften ausgesetzt. Er ist ebenfalls anfällig für diesen »bösen Geist«. Das Böse ist feige. Es versteckt sich. Da gibt es in der Welt die feigen Terroranschläge aus dem Hinterhalt. Ähnlich Brutales gibt es im Internet mit den Hasstiraden von Menschen, die nicht entdeckt werden wollen. Die Verfasser bleiben anonym. Sie schauen dem Anderen nicht in die Augen. Das anonymisierte Böse macht sich breit. Der »Angreifer« zeigt nicht sein Gesicht, es gibt anonymen Hass und Verleumdung hinter dem Rücken der Betroffenen.

Eine weitere Schwachstelle des Menschen in der heutigen Zeit ist vielleicht eine mangelnde Differenzierungsfähigkeit. Das Suchen im Internet nach bestimmten Artikeln wird »belohnt« mit der Anzeige ähnlicher Dinge, die man sowieso schon kennt. Der Mensch wird bestätigt in dem, was er sowieso schon weiß. Es besteht die Gefahr, dass kritisches Denken abnimmt und dass zu wenig differenzierte Auseinandersetzung stattfindet. Ferner beherrschen Fake News große Teile der Medienlandschaft. Der Mensch kann Falschmeldungen kaum von Tatsachenberichten unterscheiden. Wir wissen oft nicht, aus welchen Quellen welche Informationen stammen. Das geht bis in die Wissenschaft hinein. Auch hier ist es wichtig, wachsam zu sein.

Psychologisch kann man beim Menschen von Schwächen sprechen, philosophisch-theologisch auch von der »Versuchbarkeit« des Einzelnen. Das Böse oder der ungute Geist können sich die Schwächen zunutze machen. Das Böse besteht zum einen darin, dass es augenscheinlich etwas zerstören will. Es kann aber auch sehr viel subtiler daherkommen und unter dem Anschein des Guten auftreten. Wenn diese Feststellung stimmt, kann der Einzelne bei seinen besten Eigenschaften »gepackt« werden. Das kann z.B. heißen, dass jemand besonders hilfsbereit ist (was an sich gut ist), dessen sich der ungute Geist aber nun bedient und den gutwilligen Menschen in immer mehr Hilfeleistungen verwickelt, sodass er womöglich ein Burn-out-Syndrom entwickelt, dadurch seelisch und körperlich zusammenbricht und sein Leben kaum noch führen kann.

Oder jemand hat ein schlechtes Selbstwertgefühl, ist zusätzlich eitel (was oft zusammenhängt) und wird überschwänglich gelobt für seine vermeintlich guten Eigenschaften. Schon ist er bereit, dafür alles zu tun. Vielleicht kennen Sie die wunderbare Fabel vom griechischen Dichter Aesop: Der Fuchs ist ein schlaues Tier. Er streunt durch den Wald und hat Hunger. Da sieht er auf dem Ast eines Baumes einen Raben sitzen mit einem großen Stück Käse im Schnabel. Der hungrige Fuchs überlegt, wie er an den Käse herankommt. Er »erkennt« die Schwäche und »Versuchbarkeit« des Raben: seine Eitelkeit. Er sagt zu dem Raben: Rabe, sing mit etwas vor, ich weiß, dass du so wunderbar singen kannst (Raben sind nun wirklich keine Singvögel). Der Rabe fühlt sich geschmeichelt, fängt zu singen an (wohl eher zu krächzen) und der Käse fällt ihm aus dem Schnabel. Der schlaue Fuchs hat damit bekommen, was er begehrt. Er hat die Schwäche und Versuchbarkeit des Raben erkannt und ausgenützt. Jeder ist auf diese Weise gefährdet, also bedarf es auch hier wiederum der Wachsamkeit: »Seid nüchtern und wachsam! Euer Widersacher, der Teufel, geht wie ein brüllender Löwe umher und sucht, wenn er verschlingen kann« (1 Petr 5,8).

Eine weitere Schwachstelle wäre beispielsweise die Entscheidungsschwäche eines Menschen. Er weiß nicht, wofür er sich entscheiden soll. Es ist wie bei Buridans Esel. Dieser steht zwischen zwei Heuhaufen, beide sind gleich schön. Er kann sich nicht entscheiden, zu welchem er gehen soll. Die Versuchbarkeit besteht hier darin, beide haben zu wollen. Ein kluger Spruch sagt: Wer alles haben will, bekommt nichts. So auch hier, der Esel will beide haben und verhungert. Er kann sich für keinen Heuhaufen entscheiden. Viele Möglichkeiten sind nicht immer das Beste. Es droht die Qual der Wahl. Viele sind damit überfordert. Sie haben keine Kriterien für eine gute Wahl. Das Positive der vielen Wahlmöglichkeiten kann zur Versuchung werden, wenn dem Einzelnen so viele Möglichkeiten angeboten werden, dass er sich nicht mehr entscheiden kann. Jeder kennt solche Versuchbarkeiten. Die schwächste Stelle kann zum Einfallstor des unguten Geistes werden, der auch unter dem Anschein des Guten daherkommen kann. Wenn man diese Schwachstellen bei sich selbst kennt, kann man sich wappnen und frühzeitig wachsam sein.

Will man das Ganze noch einmal zusammenfassen, so kann man sagen: Das Zentrum der hier vorgestellten Spiritualität liegt darin, dass im Menschen ein menschlicher Geist, ein guter göttlicher Geist und ein unguter Geist wirken und dass das Wirken und Zulassen des guten Geistes Freude,

Das Zentrum der hier vorgestellten Spiritualität liegt darin, dass im Menschen ein menschlicher Geist, ein unguter und ein guter göttlicher Geist wirken.

Fröhlichkeit und inneren Frieden herbeiführt. »Es ist Gott und Seinen Engeln in ihren Anregungen eigen, wahre geistliche Freude und Fröhlichkeit zu geben und alle Trauer und Verwirrung, die der Feind herbeiführt, zu entfernen« (EB 329). Es wurde bereits ausgeführt, wie sich das Mitschwingen des Menschen mit dem göttlichen Geist anfühlt (Trost, Freude, Stimmigkeit, Resonanz) und wie auch das Gegenteil davon seelisch-leiblich erfahrbar ist (Trostlosigkeit, Unruhe, Angst, Getriebenheit, Zerrissenheit, Spaltung).

Die Annäherung an Gott, sein Wirken und seinen Willen ist eine Suchbewegung des Menschen. Man kann auch sagen, dass der Suchbewegung des Menschen schon eine Suchbewegung Gottes vorausgeht. Er wirbt um den Menschen und klopft bei ihm an. Dieses göttliche Wirken nennt die Theologie Gnade. Bisher wurde beschrieben, wie sich der Mensch auf dieses Wirken einlassen kann und dadurch Trost, Frieden und Freude erfährt. Aber offensichtlich gibt es noch eine letzte Stufe der Gottesnähe. Jetzt »tut« der Mensch nichts mehr, er betrachtet keine Bibelstellen mehr, sondern Gott selbst nähert sich dem Menschen ohne jeden vorhergehenden Grund. »Einzig Gott Unser Herr kann ohne vorausgehenden Grund der Seele Trost geben; denn es ist dem Schöpfer vorbehalten, in sie einzutreten, aus ihr hinauszugehen, sie so zu bewegen, daß Er sie ganz in die Liebe zu Seiner Göttlichen Majestät hineinzieht. Ohne Grund soll heißen: ohne vorausgehendes Fühlen oder Erkennen irgendeines Gegenstandes, der ihr vermittels der Akte ihres Verstandes und Willens eine solche Tröstung herbeiführen würde« (EB 330).

Jetzt »tut« der Mensch nichts mehr, er betrachtet keine Bibelstellen mehr, sondern Gott selbst nähert sich dem Menschen ohne jeden vorhergehenden Grund.

So ist das Wirken des guten Geistes einerseits wahrnehmbar durch die beschriebenen seelisch-leiblichen Phänomene und andererseits durch ein direktes Eintreten Gottes in die Seele des Menschen erfahrbar. Dies ist wohl der tiefste Punkt der Gottesbegegnung, der in dieser endlichen Welt möglich ist. Genauer wird diese Gottesnähe nicht mehr beschrieben. Sie bleibt unsagbar, unbeschreibbar, unbegreifbar und ist doch existent. Diese Erfahrung kann letztlich nur mithilfe von Bildern vom Licht, vom Glanz, von überwältigender Schönheit, von den vollen Netzen und den brennenden Herzen beschrieben werden. Manche Mystiker haben diese Gottesbegegnung auch als »dunkle Nacht der Sinne« erfahren (wie Johannes vom Kreuz).

3

KONSEQUENZEN – SPIRITUALITÄT UND ETHIK

TUGENDEN UND DER EINZELNE

Was macht der Mensch jetzt mit all diesen Erkenntnissen?[63] Aus christlicher Sicht ist es nicht nur wichtig, all diese inneren Bewegungen zu *erkennen*, sondern sie auch in die *Tat* umzusetzen. Allgemeiner gesprochen: Der Mensch soll nicht nur zur Erkenntnis kommen (womöglich im Rahmen einer Meditation zur »Erleuchtung«), sondern er soll das Erkannte und Erfahrene auch in den Alltag einbringen. »Die Wahrheit tun« ist ein zentraler Satz! Wir erinnern uns an die wesentlichen Fragen des Immanuel Kant: Was kann ich wissen? Was soll ich tun? Was darf ich hoffen? Es sind dies die Fragen nach Erkenntnis und Wahrheit, nach Ethik und Handeln und nach Religion. Zusammengefasst in der Frage: Was ist der Mensch?

Die alte Philosophie kennt diese drei Fragen etwas anders: Es sind dies die Frage nach der Wahrheit (Erkenntnis), der Gutheit (Ethik) und der Schönheit (Ästhetik). Der große Theologe Hans Urs von Balthasar hat ein umfangreiches Werk geschrieben mit dem Titel: *Trilogie der Liebe*, ein dreiteiliges Werk mit

---

63 Vgl. dazu bereits ähnlich: Matthias Beck, Leben – Wie geht das? Wien 2012, 130–144.

insgesamt 9 Bänden.[64] Darin geht es auch zunächst um die Erkenntnis, der Titel heißt *Theologik*. Es geht um die Logik Gottes und des Menschen, und was der Mensch davon *erkennen* und *verstehen* kann. Dann kommt die *Theodramatik* als *Ethik*, die aufzeigt, wie sich das Drama zwischen Gott und Mensch in der inneren Zerrissenheit des Menschen abspielt. Und schließlich die Ästhetik, die *Herrlichkeit* genannt wird und aufzeigt, wie sich die Schönheit in dieser Welt zeigt, wenn die innere Zerrissenheit des Menschen schrittweise überwunden wird und eine tiefe innere Stimmigkeit zwischen Gott und Mensch entsteht. Diese innerweltliche Schönheit kann sich dann weiter entfalten zum Phänomen der Herrlichkeit, die eher im göttlichen Bereich angesiedelt ist. Es gibt eine »Ästhetik als Lehre von der Menschwerdung der Herrlichkeit Gottes und von der Erhebung des Menschen zur Teilnahme daran«[65]. So weist die Schönheit auf das Verhältnis des Menschen zu Gott hin, die Herrlichkeit auf Gott selbst und von dort wieder zurück zum Menschen und kann so zusammengefasst werden: Die Herrlichkeit Gottes ist das gelingende und stimmige Leben des Menschen.

Was ist nun die konkrete Aufgabe eines jeden einzelnen Menschen in dieser Welt?[66] Gibt es so etwas überhaupt, eine bestimmte Aufgabe? Vielleicht stellen wir die Frage zunächst allgemeiner. Kann man sein Leben einfach so laufen lassen, oder soll man es aktiv gestalten? Diese Frage gibt es schon bei den Kindern, ob man sie lesen und schreiben lehren soll. Das

---

64 *Theologik*, Bd. I: Wahrheit der Welt, Einsiedeln 1985; Bd. II, Wahrheit Gottes, Einsiedeln 1985; Bd. III, Der Geist der Wahrheit, Einsiedeln 1987. *Theodramatik*, Bd. I: Prolegomena, Einsiedeln 1973; Bd. II: Die Personen des Spiels, Teil 1: Der Mensch in Gott, Einsiedeln 1976; Teil 2: Die Personen in Christus, Einsiedeln 1978; *Herrlichkeit*. Eine theologische Ästhetik, Bd. I: Schau der Gestalt, Einsiedeln 1961; Bd. III/1: Im Raum der Metaphysik, Einsiedeln 1965; Bd. III/2,1: Theologie. Alter Bund, Einsiedeln 1969; Bd. III/2,2: Theologie. Neuer Bund, Einsiedeln 1969.

65 Balthasar, H I, 118.

66 Der folgende Teil wurde ähnlich schon ausgeführt in: Matthias Beck, Seele und Krankheit, 291 ff.

klingt absurd, ist es aber nicht, denn für Analphabeten kommen die meisten Berufe nicht in Frage. Das heißt, sie sind bereits frühzeitig in ihren freien Entscheidungen sehr eingeschränkt und von ihren Eltern abhängig. Und da sind wir bei der Frage, ob die Freiheit des Menschen ein Wert ist, den man als Wert an sich verteidigen möchte. Allgemeiner sei die Frage gestellt, welche Werte wir Menschen vermitteln wollen, von welchem Menschenbild wir dabei ausgehen und von welcher Ethik wir uns leiten lassen. Da gehen die Anschauungen in den Familien, Ländern, Kontinenten, Kulturen und Religionen weit auseinander.

Wir sprechen hier von einer Ethik, wie sie vor allem im westlichen Europa gilt und zeigen auf, inwieweit eine christliche Spiritualität, wie sie oben beschrieben wurde, damit kompatibel ist. Wir werden sehen, dass Spiritualität und Ethik weitgehend zusammengehören. Die hier vorgestellte Spiritualität führt geradewegs in eine bestimmte Ethik hinein. Das spirituell Erfahrene und Erkannte soll im Tun münden. Allgemein gilt, dass die Zugänge zur Ethik – zumindest in Europa – zum Teil aus philosophischen und zum Teil aus theologischen Quellen stammen.

Um es einmal grob einzuteilen: Es gibt zwei wesentliche Richtungen, die das ethische Denken bestimmen. Die eine ist eine Ethik, die äußere Regeln für gutes und richtiges Handeln aufstellt. Diese nennen wir eine Normenethik. Das sind zum Beispiel die Zehn Gebote, die uns vom Judentum her überliefert wurden und nach wie vor Gültigkeit haben. Von dort kommen Handlungsanweisungen und Normen auf den Menschen zu: Du sollst nicht stehlen, nicht lügen, nicht morden. Diese Normen dienen der Freiheit des Menschen. Die Präambel zu den Zehn Geboten lautet: »Ich bin Jahwe, dein Gott, der dich aus Ägypten geführt hat, aus dem Sklavenhaus« (Dtn 5 6), und dann kommen die Zehn Gebote, die dem Menschen sagen wollen, dass er sich an diese Regeln halten soll, wenn er seine Freiheit nicht wieder verlieren will.

Aber es geht auch um innere Haltungen. Hier ist vor allem das erste Gebot von zentraler Bedeutung: »Du sollst neben mir keine anderen Götter haben« (Dtn 5,7). Auch dieses Gebot dient dem Schutz des Menschen. Denn wenn er etwas Anderes als Gott selbst verabsolutiert und Menschen, Materielles oder Ideologien »vergöttert«, wird das zu vielen Enttäuschungen führen, da Innerweltliches eben nicht absolut ist. Es ist endlich und damit fehlerhaft und kann niemals den Ansprüchen des Absoluten genügen. So überfordert man die Mitmenschen und sich selbst. Das ist für gelingende Beziehungen nicht förderlich, ebenso wie das Stehlen, Lügen und Morden einem gelingenden Leben nicht dienen können.

Dann gibt es eine Ethik, die auf das Innere des Menschen abzielt, aber anders als die hier vorgestellte Spiritualität. Es geht darum, innere Grundhaltungen zu entwickeln, die für das Leben sinnvoll und tauglich sind. Diese Grundhaltungen werden Tugenden genannt. Tugend und tauglich gehören zusammen. Aristoteles (385–323 v. Chr.) hat derartige Tugendlehren in der griechischen Philosophie zum Teil von Platon (428–348 v. Chr.) übernommen und fragte sich angesichts einer Staatskrise, was wohl alle Menschen suchen würden. Und er kam zu dem Schluss, dass alle Menschen nach Glück streben. Glück kann man nicht machen, aber es kann sich einstellen, wenn man gut und richtig lebt. Aristoteles meint, es seien besonders vier innere Grundhaltungen, die dem Glück des Menschen dienlich seien. Es sind dies die schon erwähnten Tugenden Klugheit, Gerechtigkeit, Tapferkeit, Maß.

Glück kann man nicht machen, aber es kann sich einstellen, wenn man gut und richtig lebt.

Klugheit meint, die Dinge bis zum Ende durchzudenken. »Was immer du tust, tue es klug und bedenke das Ende.« Ignatius hat von dieser Klugheitsregel etwas für seine Entscheidungsfindungen übernommen. Er sagt: Wenn du eine wichtige

Entscheidung zu treffen hast, versetze dich in die Stunde Deines Todes und überlege Dir, wie Du von dort aus hättest entschieden haben wollen. Zwar weiß der Mensch nicht, wie sein Leben verläuft, aber er kann vorausschauen, dass er sich womöglich am Ende des Lebens für die heutige Tat vor Gott rechtfertigen muss. Dostojewski meint, wenn es keinen Gott gäbe, wäre alles beliebig. Das stimmt insofern, als es dann keine letzte Instanz mehr gibt, vor der sich der Mensch rechtfertigen muss. Der Volksmund sagt mehr innerweltlich auf den Menschen bezogen, dass es wichtig sei, sich auch morgen noch in den Spiegel schauen zu können.

Gerechtigkeit: Gehe gerecht mit deinen Mitmenschen um und werde dem Anderen gerecht. Gib jedem das Seine, das was ihm zusteht und behandle Gleiches gleich und Ungleiches ungleich. Aus der westlichen philosophischen Tradition heraus stammt die Überzeugung, dass allen Menschen die gleiche Würde innewohne (Gleiches ist gleich), aber ein kleines Kind anders behandelt werden müsse als ein erwachsener Mensch (Ungleiches ist ungleich). Dem Anderen gerecht zu werden, ist eine Vorstufe der Nächstenliebe. Eine zweite Ebene ist jene der Tauschgerechtigkeit, die besagt, dass man den Anderen nicht betrügen und faire Geschäfte tätigen soll. Und schließlich gibt es die Ebene der Verteilungsgerechtigkeit, die endliche Güter unter den Menschen gerecht verteilen soll.

Die beiden letzten Tugenden *Tapferkeit und Maß* kann man zusammennehmen. Das Maß ist die rechte Mitte zwischen zwei Extremen. Aristoteles macht dieses rechte Maß am Beispiel der Tapferkeit fest. Sie ist die rechte Mitte zwischen Feigheit und Tollkühnheit. Der feige Soldat bleibt im Schützengraben und der tollkühne rennt blind ins Feld. Die rechte Mitte ist die Tugend der Tapferkeit, die die Feigheit überwindet, aber nicht tollkühn ins Feld rennt, sondern klug überlegt. In der Medizin ist das rechte Maß die richtige Dosis: nicht zu viel und nicht zu wenig. Dies sind in Kurzfassung die wichtigsten Tugenden und inneren Haltungen, die einem guten und gelingenden Leben zuträglich sind. Thomas von Aquin übernimmt diese aristotelischen Tugenden und erweitert sie um die drei christlichen Tugenden Glaube, Hoffnung und Liebe. Die gegenteiligen Haltungen dieser Tugenden sind Untugenden, die auch als Laster und – einige davon – später im Christentum als »Wurzelsünden« bezeichnet werden. Diese sind Dummheit, Ungerechtigkeit, Maßlosigkeit, Gier, Neid, Eifersucht, Zorn, aber auch Unglaube, Hoffnungslosigkeit und Hass.

Die in diesem Buch präsentierte Spiritualität geht über die Tugendethik hinaus und versucht dazu beizutragen, zu erkennen, dass der Einzelne über die Umsetzung der Tugenden hinaus seine Einzigartigkeit leben und sein je individuelles Wesen und seine Berufung finden kann. So kommen aus der griechischen Philosophie Fragen nach dem Glück, aus dem Judentum Aspekte der Freiheit und aus dem Christentum mit der hier gezeigten Spiritualität Hinweise auf die innere Befreiung jedes einzelnen Menschen zu sich selbst.[67] Wie es zu dieser inneren Befreiung jedes einzelnen Menschen kommen kann, ist oben im Gang durch die Exerzitien beschrieben worden. Es wird im nächsten Kapitel noch einmal zusammengefasst.

Über die griechischen Tugenden hinaus sind im Christentum – wie schon ausgeführt – die drei Tugenden Glaube, Hoffnung und Liebe verankert. Das zentrale Liebesgebot des Christentums, das sich aufgliedert in Nächstenliebe, Selbstliebe, Gottesliebe und sogar Feindesliebe, ist eingegliedert in diese drei christlichen Tugenden. Glauben bedeutet dabei das »Sich-Festmachen« im letzten Urgrund des Seins, achtzugeben auf die Seelenregungen mit ihren Wirkungen und zu hören auf das göttliche Wirken und Wollen. Die Hoffnung ist eine Tugend, die nach vorne ausgerichtet ist und dem Menschen sagt, dass sein Leben nicht im Nichts endet, sondern zur Fülle des Lebens kommen soll (Joh 10,10). Liebe und Glaube hängen eng

---

67 Vgl. dazu Matthias Beck, Was uns frei macht. Für eine Spiritualität der Entfaltung. Styria Verlag 2018.

zusammen, denn der Mensch, der nicht im Absoluten verankert ist und – wie hier vorgestellt – nicht sein individuelles Wesen findet (Glaube), wird sich schwertun, einen guten Eigenstand zu entwickeln und sich selbst anzunehmen. Selbstannahme und Selbstliebe sind aber Voraussetzungen dafür, auch den Anderen lieben zu können: Liebe Deinen Nächsten *wie* dich selbst.

Liebe Deinen Nächsten *wie* dich selbst.

Ein kleiner Blick in die weitere Philosophie- und Theologiegeschichte soll zeigen, wo wir heute stehen und wie die hier vorgestellte Spiritualität sich gut in ein modernes Leben integrieren lässt. Es ist oben gesagt worden, dass Ignatius (1491–1556) für seine Überlegungen auf Aristoteles und Thomas von Aquin zurückgreift. Zusammen mit Martin Luther (1483–1546) steht er am Beginn der Neuzeit. Sie waren Zeitgenossen, sind sich aber nie begegnet. Beide wollten die Kirche reformieren. Durch Luther kam die Reformation, Ignatius brachte der Kirche die Exerzitien mit dem Blick auf die Selbstwahrnehmung und das göttliche Wirken.

Beide standen am Beginn einer Entwicklung hin zum Subjekt in einer Zeit großer Umbrüche, die der heutigen Situation nicht unähnlich ist. Luther sagte, »hier stehe ich und kann nicht anders« und Ignatius wollte, dass jeder Mensch den individuellen Willen Gottes für sein Leben entdeckt. Der Philosoph Pico della Mirandola (1463–1494) schreibt in dieser Zeit ein wichtiges Buch über die Menschenwürde und die Willensfreiheit des Menschen.[68] In der Kunst malt Albrecht Dürer (1471–1528) sein erstes Selbstporträt und durch Kopernikus (1473–1543) wird das geozentrische Weltbild durch das heliozentrische ersetzt. Mit Galileo Galilei (1564–1642) und seinen Fallversuchen am schiefen Turm von Pisa beginnt die moderne Naturwissenschaft.

---

68 Pico della Mirandola, Oratio de hominis dignitate. Rede über die Würde des Menschen (hrsg. u. übers. v. G v. d. Gönna). Reclam. Stuttgart 1997.

Die Wendung zum Subjekt reflektiert dann Immanuel Kant (1724–1804) philosophisch durch. Er betrachtet nicht mehr das Wesen der Dinge wie die alte Philosophie, sondern *die Bedingung der Möglichkeit der Erkenntnis* der Dinge im Subjekt. Also stehen nicht mehr die Dinge im Zentrum, sondern das Subjekt, das sie erkennt. Der schon erwähnte Jesuit Karl Rahner zieht diese Subjektphilosophie Kants heran, um die ignatianischen Exerzitien zu interpretieren und in die gegenwärtige Zeit zu übersetzen. Außerdem zieht er für seine Ethik die Philosophie der Existenzphilosophen Søren Kierkegaard (1813–1855) und Martin Heidegger (1889–1976) heran, die das *Herausstehen des Einzelnen* (»Ek-sistere«, Existenz) mehr reflektieren als das *allgemeine Wesen* des Menschen (Essenz). Die Existenzphilosophie ist jene, die bei der Existenz des Einzelnen ansetzt.

Rahner entwickelt eine Theologie, in der es darum geht, die Bedingungen der Möglichkeit im Subjekt herauszuarbeiten, die es dem Menschen überhaupt möglich machen, »Mitteilungen Gottes« wahrzunehmen und verstehen zu können: entweder als äußeres Wort durch die Heilige Schrift oder als inneres Wort, das sich als innere Stimme, Antrieb oder als Seelenbewegung zeigt. Äußeres und inneres Wort stehen miteinander in Beziehung. Aus diesen Grundüberlegungen entwickelt Rahner eine Ethik des Einzelnen, die er Existentialethik nennt. Daraus ist schon öfter zitiert worden. Dabei geht es darum – wie schon erwähnt –, dass jeder Mensch über die Erfüllung von Normen und die Einübung von Tugenden hinaus ein *positiv Einmaliger* wird.

Die Hinwendung zum Subjekt und zum Einzelnen hat sich also seit vielen Jahrhunderten angebahnt. Die hier ausgeführte Spiritualität des Einzelnen fügt sich in diese geschichtliche Entwicklung gut ein. Sie führt dazu, dass aus christlicher Sicht jeder Einzelne von Gott her unendlich wichtig ist und ernst genommen wird. Jeder hat die Chance, sich diesem Gott und seinem Wirken zuzuwenden. Wenn er dessen Anregungen folgt, wird es ihm gelingen, das Beste aus seinem Leben herauszuholen und zur Fülle des Lebens zu gelangen. Bei Aristoteles war es der gute Geist, dem der Mensch folgen kann, um sein Glück zu finden, im Christentum ist es der Heilige Geist, der zum erfüllten Leben führt.

Auf ganz andere Weise hat sich auch der säkulare Staat der Hochschätzung des Einzelnen angenommen. Im Zentrum steht hier der Begriff der Menschenwürde. Dieser Begriff wurde von Immanuel Kant rein philosophisch entwickelt, ohne Rückgriff auf das Christentum. Allerdings konnte Kant den Begriff der Menschenwürde nur im *Kontext* des Christentums entwickeln, da die Entwicklung hin zum Subjektdenken in Europa verlief und auch der Begriff Person (siehe unten), der schon im Römischen Reich und im Griechentum vorhanden war, erst durch das Christentum entscheidend geprägt wurde (ein Gott in drei Personen). In asiatischen Kulturen kommt der Begriff so nicht vor. Kant unterscheidet die Begriffe »Würde« und »Wert«. Der Begriff »Wert« kommt eigentlich aus der Ökonomie. Etwas hat einen Wert und einen Preis. Wenn wir also vom Wert eines Menschen sprechen (oder auch von den »Werten« Europas), ist damit etwas ganz Anderes gemeint.

Der Mensch hat eben gerade keinen Wert im Sinne eines Preises, sondern er hat eine Würde. Kant beschreibt den Unterschied so: »Im Reiche der Zwecke hat alles entweder einen *Preis* oder eine *Würde.* Was einen Preis hat, an dessen Stelle kann auch etwas Anderes als *Äquivalent* gesetzt werden; was dagegen über allen Preis erhaben ist, mithin kein Äquivalent verstattet, das hat eine Würde.«[69] Das heißt, dass Dinge etwas kosten und einen Preis haben, ein Mensch gerade nicht. Ein zweites Zitat von Kant ist in diesem Kontext wichtig: Dinge haben einen »relativen Wert, ... und heißen daher *Sachen*, dagegen werden vernünftige Wesen *Personen* genannt, weil ihre Natur sie schon als Zwecke an sich selbst« achtet«.

69 Immanuel Kant, Grundlegung zur Metaphysik der Sitten, BA 77.

Der zentrale Gedanke besteht darin, dass der Einzelne um seiner selbst willen geachtet wird. Es handelt sich um die sogenannte »Selbstzwecklichkeitsformel« Kants.[70] Das bedeutet, dass jeder Mensch um seiner selbst willen geachtet und nicht (vollständig) verzweckt werden soll, und zwar unabhängig von Alter, Hautfarbe, Herkunft, Religion oder Nützlichkeit. Diese Formel kommt nahe heran an das Gebot der Nächstenliebe. Auch hier steht der Einzelne im Zentrum, der um seiner selbst willen geliebt werden soll. Da Kant seine Ideen jedoch rein philosophisch und nicht theologisch entwickelt hat, sind sie auch verallgemeinerbar und nicht auf das Christentum beschränkt. Ethik muss universalisierbar sein, so hat es Kant selbst formuliert. Denn nur so konnte die Vorstellung einer Menschenwürde die Grundlage für die Menschenrechte werden, die in aller Welt gelten sollten.

Das Christentum verlängert die äußere Freiheitsbewegung des Volkes Israel hinein in die innere Befreiung jedes einzelnen Menschen zu sich selbst.

Es treffen sich also bei der Hochschätzung jedes einzelnen Menschen die philosophische Ethik Immanuel Kants, die christliche Ethik von der Nächstenliebe und die hier entfaltete Spiritualität des Einzelnen. Das Christentum verlängert die äußere Freiheitsbewegung des Volkes Israel hinein in die innere Befreiung jedes einzelnen Menschen zu sich selbst.[71] Die Normen der Zehn Gebote bleiben gültig, aber innerhalb dieser Gebote soll und kann der Mensch seine tiefste Individualität und Eigenständigkeit entwickeln. Er darf und soll seine Talente nutzen und dabei – wie Karl Rahner

70 »Handle so, daß Du die **Menschheit**, sowohl in Deiner Person, als in der Person eines jeden anderen, jederzeit zugleich als Zweck, niemals bloß als Mittel gebrauchst.« (Grundlegung zur Metaphysik der Sitten), BA 66/67

71 Vgl. Matthias Beck, Was uns frei macht. Für eine Ethik der Entfaltung. Wien 2018.

es formuliert – nicht nur die allgemeinen Gesetze in sein Leben übersetzen (das auch), sondern ein *positiv Einmaliger* werden.

WAS KANN EINE AUFGEKLÄRTE RELIGIOSITÄT ZU EINEM ERFÜLLTEN LEBEN BEITRAGEN

Glaube und Wissenschaft

Wir haben, angefangen mit den Beschreibungen bestimmter Phänomene in der Natur, die von selbst ablaufen, über die Analyse der Innenwelt des Menschen bis hin zu einer aktuellen Ethik einen Bogen geschlagen, der uns jetzt erlaubt, den Versuch zu unternehmen, eine »moderne Religion« im Kontext einer säkularen und naturwissenschaftlich geprägten Welt darzustellen und darzulegen, welchen Mehrwert sie gegenüber anderen Weltanschauungen haben könnte.

Als Erstes muss eine aufgeklärte Religiosität vernünftig sein. Sie darf den Regeln der Vernunft nicht widersprechen. Sie darf nicht irrational sein. Wenn überhaupt, dann kann sie »übervernünftig« sein und der menschlichen Vernunft voraus- und zugrundeliegen, aber niemals »untervernünftig«. Gerade das Christentum als eine Logosreligion kann die Logik und die Vernunft des Menschen und des Göttlichen gut ins eigene religiöse Leben integrieren. Der Mensch kann an der göttlichen Logik teilhaben und sich an ihr orientieren. Diese Logik, so hatten wir am Anfang gesagt, zeigt sich im Kosmos, in der Natur, im Menschen und zwischen den Menschen. Die Logik des gesamten Kosmos kann mit Hilfe der Wissenschaft der »Kosmo-logie« erforscht werden, die Logik der irdischen Natur mithilfe der »Bio-logie«, aber auch der Physik, Chemie und Medizin.

Die »Theo-logie« kann all diese Erkenntnisse aufnehmen, weiterführen und in einen größeren Kontext einordnen. Sie kann zu kurz greifende Weltinterpretationen aufzeigen und die Suche nach neuen Erkenntnissen inspirieren. Sie muss sich nicht vor den Erkenntnissen der Naturwissenschaften, der

Medizin oder der Psychologie fürchten, sondern kann diese in einen größeren Horizont einordnen. Eine aufgeklärte Religiosität kann alle kosmologischen und naturwissenschaftlichen Erkenntnisse, wenn sie methodisch sauber gewonnen wurden, aufnehmen und davon lernen. Die schon erwähnte kosmologische Erkenntnis, dass die Sonne im Mittelpunkt unseres Sonnensystems steht und nicht die Erde, ist auch theologisch sinnvoll. Die Römer sprachen vom »sol invictus«, dem unbesiegbaren Sonnengott, und das Christentum spricht von Christus als dem Licht der Welt. Also steht das Licht im Zentrum (die Sonne) und nicht die dunkle Erde, die des Lichtes der Sonne bedarf.

Eine aufgeklärte Religiosität kann alle kosmologischen und naturwissenschaftlichen Erkenntnisse, aufnehmen und davon lernen.

Auch die Evolutionstheorie kann sehr gut mit einem aufgeklärten Christentum verbunden werden. Der Schöpfer kann eine Welt ins Sein setzen, die sich von selbst entfaltet und weiterentwickelt. Wenn im Hintergrund ein göttlicher Geist steht, ist es stimmig, dass sich innerhalb dieser Welt evolutiv ein menschlicher Geist entwickelt. Auch die Aussage der Evolutionstheorie, dass der Mensch ein Teil der Natur ist und ihr nicht wie ein Ausbeuter gegenübersteht, ist christlich schlüssig. Der Mensch hat keinen Herrschaftsauftrag über diese Welt, wie fälschlich aus dem Alten Testament herausgelesen wird, sondern einen *Gestaltungsauftrag*. Der Mensch darf und soll die Welt gestalten wie ein Gärtner einen Garten. Von daher hat er eine Verantwortung für diese Schöpfung, deren Teil er ist.

Die Erkenntnisse der Psychologie sind ebenfalls mit einer modernen Theologie kompatibel. Hätte es zur Zeit des Ignatius schon eine moderne Psychologie gegeben, hätte man sehr viel präziser die erste Woche der Exerzitien gestalten können. Im Aufdecken der biographischen Prägungen mitsamt ihren

Verstellungen[72], aber auch im Forschen nach den ureigensten Talenten eines jeden Menschen mit seinem Denken und Fühlen kann sie einen wichtigen Beitrag beim Selbstfindungsprozess des Menschen leisten. Sie kann das Tor öffnen für weitere existentielle Fragen, die zunächst in der Philosophie, schließlich aber – für diejenigen, die weiterfragen wollen – in der Theologie landen. Auf der emotionale Ebene kann sie eine gute Ergänzung zur hier dargestellten Spiritualität sein.

Gerade auch moderne Forschungsrichtungen wie die »Psychoneuroimmunologie«, die die Zusammenhänge zwischen den seelischen Verfasstheiten (Psycho), dem gesamten Nervensystem (Neuro) sowie dem Immunsystem (Immunologie) erforscht, und dabei ganz neue Erkenntnisse über Krankheitsentstehung und Krankheitsverlauf herausarbeitet, können ein wichtiger Partner der Theologie sein. Wenn man die Erkenntnisse von Genetik und Epigenetik hinzunimmt und weiß, wie die genetisch-epigenetischen Verschaltungen auch vom Gehirn und damit vom Denken und Fühlen des Menschen beeinflusst werden, dann ist der Weg nicht mehr weit zu einer Spiritualität wie sie hier mit den inneren Seelenbewegungen beschrieben wurde. Denn die inneren Seelenbewegungen haben auch Einfluss auf die genetisch-epigenetischen Verschaltungen. Damit gilt es auch hier Zusammenhänge zwischen Spiritualität und Krankheit zu entdecken. Ein neuer Begriff in diesem Zusammenhang könnte »Psycho-neuro-genetik« lauten.

Auch das oben nur kurz erwähnte Leib-Seele-Problem hat mit dem Verhältnis von Psychologie, Philosophie und Theologie zu tun. René Descartes (1596–1650) hat zu Beginn der Neuzeit die von Thomas von Aquin noch gedachte Leib-Seele-Einheit des Menschen gedanklich auseinandergerissen. Es blieben nur noch die zwei Dimensionen von Geist und Materie übrig.

72 Vgl. dazu das Buch von Monika Renz, Erlöst aus Prägung. Ein neues Verständnis von Heilung. Psychologie und Theologie im Gespräch. Junfermann Verlag Paderborn [2]2017.

Daraus resultieren auch die modernen Diskussionen, ob die Materie den Geist hervorbringt oder der Geist der Materie zugrunde liegt. Die innere Mitte ging verloren. So entstanden die Geisteswissenschaften und die Materiewissenschaften, genannt Naturwissenschaften. Erst Sigmund Freud bringt um 1900 den Begriff der Seele wieder ins Spiel. Jetzt aber nicht mehr als innere Ganzheit, sondern als empirische Größe des Unbewussten, der ungelösten Konflikte, Verdrängungen und von Vater- und Mutterbeziehungen.

Die Theologie fragt über die Psychologie und die Philosophie hinaus nach den letzten Gründen des Seins. Denn die Frage bleibt, ob der Mensch, der mit seinem Geist auf das Absolute ausgerichtet ist, vor einem leeren Seinshorizont stehen bleibt, oder ob es möglich ist, dass ihm jemand von »drüben« – z. B. ein personaler Gott – entgegenkommt. Dieser Glaube, dass ein Gott sich als ein personales Gegenüber zeigen kann, beginnt mit dem Judentum und wird im Christentum fortgesetzt. Wenn es dieses Gegenüber gibt, dann kann sich von dort her etwas zeigen, was der Mensch sich von sich aus nicht ausdenken kann. Gerade eine Offenbarungsreligion wie das Christentum geht davon aus, dass sie dem Menschen etwas vermitteln kann, was er aus sich selbst nicht wissen kann. Das übersteigt ihn bei weitem. Wenn es ihm aber gesagt und gezeigt worden ist, kann er darüber nachdenken und wird erkennen, dass es vernünftig ist.

Die göttliche Vernunft liegt der Vernunft des Menschen zugrunde, sie übersteigt ihn um ein Unendliches. Der Mensch kann sich dieser göttlichen Vernunft immer mehr annähern. Er soll es sogar.

Die göttliche Vernunft liegt der Vernunft des Menschen zugrunde, sie übersteigt ihn um ein Unendliches. Der Mensch kann sich dieser göttlichen Vernunft immer mehr annähern. Er soll es sogar. Es ist wie ein innerer Zug, der dorthin strebt. Bei manchen Menschen gibt es diese Sehnsucht, dieser Wahrheit und Schönheit immer näher zu kommen. Der Einzelne kann in seinem Suchen und Streben innerweltlich bei der Natur beginnen, um von dort aus – wenn er will – weiter zu fragen nach den letzten Gründen des Seins und danach, was die Welt im Innersten zusammenhält (nach einem Wort von Goethe). Die Erkenntnis der Natur kann auf einen letzten Seinshorizont und sogar auf einen personalen Gott hin überstiegen werden.

Daher sollte das Neugierdeverhalten des Menschen gestärkt werden, damit sich Menschen fragend der letzten und grundlegenden Wahrheit anzunähern wagen. Oft war es umgekehrt: In einem religiösen Umfeld wurde nicht selten gesagt: Frag nicht so viel, das verstehst du nicht, das ist ein Geheimnis, das musst du glauben. Damit wird das Neugierdeverhalten erstickt und gerade der aufgeklärte Mensch gibt sich mit solchen Antworten nicht zufrieden. Daher müsste Theologie den umgekehrten Weg gehen und zum Fragen ermutigen: Frag weiter, interessiere dich, such weiter, dann wirst du finden, was du suchst! »Wer sucht, der findet« (Mt 7,8) ist diesbezüglich ein wichtiger Satz des Neuen Testaments.

Der Physiker und Philosoph Carl Friedrich von Weizsäcker (1912–2007) hat einmal gesagt: Philosophieren heißt weiter fragen. Den Satz kann man ergänzen: »Theologisieren« heißt noch weiter fragen bis zu einem letzten Grund, wo es dann nicht mehr weiter geht, und das Fragen an ein Ende kommt. Das ist der schon erwähnte Standpunkt von Thomas von Aquin: Wer eine Begründung sucht und immer weiter fragt, kommt schließlich auf einen letzten Grund, und den nennen – jedenfalls die Christen – Gott. Also muss die Devise lauten: nicht *weniger* fragen, sondern *mehr* und weiter fragen. Die Frage nach Gott könnte dann wie ein reifer Apfel als Frucht dieses Fragens vom Baum fallen.

Es gilt, ohne Denkverbote selbständig denken zu lernen und sich – wie Kant sagt – aus der »selbstverschuldeten Unmündigkeit« zu befreien. Habe Mut, dich deines Verstandes zu bedienen, ist ein zentraler Satz der Aufklärung. Zur Entwicklung des eigenständigen Denkens braucht der Mensch gute Lehrer, die ihm helfen, die richtigen Fragen zu stellen. Zum Fragenstellen braucht man Mut und Vertrauen, dass man dabei nicht verlacht wird. Dafür ist es hilfreich, einen festen Eigenstand zu haben. Dieser könnte auch aus einem recht verstandenen »Glauben« kommen, der sich festmacht im letzten Grund des Seins. »Glauben« im religiösen Sinn heißt ja: sich Festmachen in Gott. Glauben heißt nicht, einfach unhinterfragt und unreflektiert nachzuplappern, was andere erzählen, oder bestimmte Formeln auswendig zu lernen. Glauben muss verantwortet, durchdacht und für sich selbst als richtig erkannt werden. Glauben in diesem Sinn hat etwas mit Erkenntnis und Einsicht zu tun. Der Glaube soll dem Einzelnen einsichtig sein, zu tieferer Erkenntnis führen und auf Dauer in Fleisch und Blut übergehen. Die Tradition nennt das »Inkarnation« (Fleischwerdung). So kann aus dem Glauben sogar eine Art existentielles Wissen werden.

Der Glaube soll dem Einzelnen einsichtig sein, zu tieferer Erkenntnis führen und auf Dauer in Fleisch und Blut übergehen.

Glaube als innerer Halt und Annahme meiner selbst

Eine gute Religiosität sollte dem Menschen inneren Halt und Vertrauen geben: einen Ort der Ruhe, an dem er sich ausruhen kann. »Kommt alle zu mir, die ihr mühselig und beladen seid. Ich werde euch ausruhen lassen…, so werdet ihr Ruhe finden für eure Seele« (Mt 11, 28–29). Es geht um einen sicheren Anker in mir selbst, dem ich vertrauen kann und der mich hält. Dieser Anker kann eine Art Kompass sein, der die Richtung des weiteren Weges zeigt und bei Entscheidungen hilft. Der innere Ort könnte ein Ort der Freude und des Friedens sein, ein innerer Raum im Menschen, der durch äußere Räume der Stille sowie durch Meditation, Betrachtung und Gebet, aber auch durch Musik, Kunst und Literatur gepflegt werden kann. Dieser innere Raum wird oft überlagert von biographischen Prägungen, ungelösten Konflikten, Verdrängungen, Ängsten oder Sorgen. Auch die ungelösten Konflikte der vorangegangenen Generationen können darauf liegen wie ein Felsbrocken. Eine gute Religiosität sollte helfen – aus dem Vertrauen heraus –, diese Lasten anzuschauen und langsam abzubauen. Dies kann also vertrauensvoll geschehen, ohne dabei in Schuldvorwürfen stecken zu bleiben.

Das Nächste, was eine gute Religiosität leisten sollte, ist eine gelungene Selbstannahme des Menschen. Die Annahme meiner selbst[73] oder die Selbstannahme sind andere Worte für Selbstliebe. Diese ist etwas ganz Anderes als die Selbstverliebtheit im Sinne des Narzissmus. Dieser ist oft Ausdruck innerer Unsicherheit, bei der der Mensch »an sich selbst hängen« bleibt. Die Selbstliebe hingegen ist Ausdruck eines guten Eigenstandes aufgrund einer festen inneren Anbindung. Sie erlaubt es dem Menschen, seine guten Seiten und Stärken, aber auch seine Schwächen und Schattenseiten anzuschauen. Aus einem solchen Eigenstand heraus kann er sich seinen Schwächen stellen, sie annehmen und sie verwandeln lassen. Er muss sie nicht ständig verdrängen aus Angst, nicht gut genug zu sein und den Anderen sowie sich selbst nicht zu genügen. Er kann dadurch befreit werden von dem ständigen Rechtfertigungsdruck, etwas leisten zu müssen, um anderen zu gefallen, und »groß und stark« sein zu müssen. In der Schwäche bin ich stark, schreibt Paulus. Eine gute Religiosität sollte dem Einzelnen das Gefühl des »Nicht-gut-genug-Seins« nehmen. Jeder ist vor Gott gut genug, er muss nichts leisten. Was nicht heißt, dass man sich im Leben nicht auch anstrengen sollte, um Fehler zu vermeiden, in der Liebe zu wachsen und gute Leistungen zu bringen.

Natürlich gibt es auch Schuld, aber selbst diese kann der Mensch besser annehmen und verarbeiten, wenn er weiß, dass

---

73 So ein Buchtitel von Romano Guardini, Die Annahme seiner selbst. Den Menschen erkennt nur, wer von Gott weiß. Grünewald Verlag 1987.

er trotz aller Schuld grundsätzlich angenommen und geliebt ist. Schuld hat oft mit Angst zu tun. Aus Angst und einem mangelnden Eigenstand heraus geschehen viele Fehler. Es ist gut, diese Fehler in den Blick zu nehmen. Man kann versuchen zu verstehen, wie sie entstanden sind und welche Folgen daraus resultieren. Dann kann man sie reflektieren, aufarbeiten und an einer Änderung des Verhaltens arbeiten. Nach einer solchen Analyse der Hintergründe kann man versuchen, die aufgearbeiteten Dinge hinter sich zu lassen. Das kann auch im Rahmen einer Beichte geschehen. Eine reine Auflistung der Dinge, die man falsch gemacht hat, führt meistens nicht zu einer tiefgreifenden Veränderung. Jeder kann versuchen, die Hintergründe verschiedener Verfehlungen zu verstehen. Eine Schuld nicht anzuschauen, zu verarbeiten und abzulegen, birgt die Gefahr, sie ein Leben lang mit sich herumzutragen, sie zu verdrängen und womöglich auf andere zu projizieren. Es gibt eine ethische Verpflichtung, an den eigenen Verstellungen und Fehlhaltungen zu arbeiten, sonst werden sie auf die nächste Generation übertragen. Kinder leiden oft unter den ungelösten Konflikten ihrer Eltern und tragen sie in ihrem Leben aus. Biblisch formuliert ist das die schon einmal erwähnte Aufgabe: Zieh zuerst den Balken aus dem eigenen Auge, bevor Du den Splitter im Auge des Anderen entfernen willst (vgl. Mt 7,5).

Es ist gut, dass es Dich gibt, dass Du da bist, Du bist vor Gott gut genug und von ihm ohne Bedingungen angenommen.

Die primäre Botschaft einer gut vermittelten Religiosität sollte heißen: Es ist gut, dass es Dich gibt, dass Du da bist, Du bist vor Gott gut genug und von ihm ohne Bedingungen angenommen. Du bist von ihm geliebt, und für ihn wertvoll und unendlich wichtig. Vielleicht ist dieser Schritt des Zulassens dieser Zusage das Schwierigste, weil die innerweltlichen Erfahrungen oft das Gegenteil zeigen. Es werden Bedingungen gestellt: Wenn du nicht das für mich tust, kann ich dich nicht mehr lieben (Eltern, Ehepartner, Freunde). Menschen müssen sich verbiegen, um anderen zu gefallen oder den Ansprüchen anderer zu genügen. Jeder muss Anforderungen erfüllen und ist dem oft negativen Urteil anderer ausgesetzt. Fehlhandlungen geschehen dann oft aus Angst und Minderwertigkeitsgefühlen[74], die oft in der Folge durch übermäßige Leistungen kompensiert werden wollen.

Eine gute Religiosität sollte daher das Selbstwertgefühl des Einzelnen stärken und ihn resilienter (widerstandsfähiger) machen gegenüber äußeren und inneren Verunsicherungen. Widerstandsfähiger sein heißt dabei nicht, abgebrühter oder unsensibler zu werden im Sinne eines »Über-den-Dingen-Stehens«, sondern eigentlich »in den Dingen« stehen, was wiederum besser gelingt, wenn man selbst fest im tiefsten Seinsgrund verankert ist. Von dort aus kann man – wie ein Baum – besser verwurzelt im Leben stehen, ohne von jedem Sturm umgeweht zu werden. Biblisch heißt das: Ihr seid nicht *von* dieser Welt, aber *in* dieser Welt. Das bedeutet, sich im Anderen seiner selbst, im absoluten Seinsgrund, festzumachen, ist der Weg, um *in* dieser Welt gut bestehen zu können.

Glaube und Emotionalität

Schließlich sollte eine gute Religiosität den Menschen im Herzen berühren. Es geht um eine gute Mischung aus Emotionalität, innerem »Bewegtwerden« und vernünftiger Reflexion. Das geht weit über ein »Bauchgefühl« hinaus. Es geht auch nicht um die Wirkungen einer »Gefühlsreligion«, die durch eine gute Atmosphäre kurzfristig angeheizt wird, sondern um einen tiefgreifenden und bleibenden inneren Verwandlungsprozess. Der Weg durch die Exerzitien hat gezeigt, wie die Balance zwischen Emotionalität, Vernunft und Reflexion gelingen

---

74 Der Wiener Psychologe Alfred Adler (1870–1937) hat sich in seiner Individualpsychologie viel mit Minderwertigkeitsgefühlen und -komplexen der Menschen sowie ihren Kompensationsversuchen befasst.

und sich schrittweise das Leben verwandeln kann, sodass sich letztlich die das Leben blockierenden Belastungen der Seele auflösen können. Das ist oft ein lebenslanger Prozess. Aber um sich darauf einlassen zu können, sollte *zuerst* das Vertrauen in den gütigen und tragenden Grund wachsen, um sich überhaupt mit dem »Darüberliegenden wohlwollend« und doch klar hinschauend auseinandersetzen zu können.

Das Vertrauen des Menschen auch hat biographische Komponenten. Menschen, die als kleine Kinder früh von den Eltern verlassen wurden oder keine stabile Beziehung zu Vater und Mutter aufbauen konnten, werden sich schwer tun mit diesem Vertrauen. Dennoch haben auch sie die Möglichkeit, darin nachzureifen. Unschätzbar wertvoll sind daher die impliziten Sozialisierungsleistungen der Mütter und Väter, die den Kindern Vertrauen vermitteln, indem sie da sind, wenn sie gebraucht werden, wenn die Kinder Angst haben oder krank sind, sich in Krisen befinden oder nicht mehr weiterwissen. Eltern, die präsent sind, wenn das Kind nachts aufwacht und Angst hat, die es pünktlich zur Schule bringen und ihm Verhaltensregeln beibringen, damit es sich in der Gesellschaft zurechtfinden kann, die ihren Kindern Werte wie Höflichkeit, Respekt und Achtung vor dem Anderen sowie Nächstenliebe vermitteln, leisten einen unschätzbaren Dienst für das gelingenden Leben ihrer Kinder. Wichtig wäre auch eine gute religiöse Sozialisation mit einem offenen Dialog bei anstehenden religiösen Fragen.

So können Kinder schrittweise lernen, wie man mit anderen Menschen umgeht und sich in der Gesellschaft verhält. Trotzdem sollen sie nicht einfach angepasst leben, sondern Eigenstand gewinnen, Fragen stellen lernen, Positionen vertreten können, in einen »herrschaftsfreien Diskurs« (Habermas) mit Mitmenschen eintreten, ohne Macht über andere ausüben zu wollen. Sie sollen ihren eigenen Weg durchs Leben finden sowie ihre eigene Identität, Berufung und Wahrheit entdecken. All diese Dinge müssen gelernt werden. Aber auch Kinder, die vom Elternhaus her keine so guten Voraussetzungen haben, können trotzdem zu einem guten Leben heranreifen. Vielleicht treffen sie auf andere Menschen, die ihnen Vorbild sein können.

Ein weiterer Reifungsschritt hin zur eigenen Klarheit ist es, sich mit den eigenen Emotionen grundlegend auseinanderzusetzen und Schritt für Schritt mehr zum eigenen Innenleben mit den Gefühlen, dem Gespür, den Antrieben und Seelenbewegungen vorzudringen. Auch hier kann der Einzelne lernen, seinen inneren Beweggründen zu trauen. Er kann verstehen lernen, dass er einen Kompass in sich hat, der verlässlich ist. Er kann schreitweise lernen, seinen Empfindungen, Emotionen, Intuitionen zu trauen und ihnen zu folgen, ohne sich ständig von anderen beeinflussen zu lassen. Das kann dazu führen, dass der Einzelne sich immer weniger in den eigenen Gefühlen und seinem Gespür täuscht. Daher kann er zu einem immer sichereren Urteil und guten Entscheidungen kommen. Dazu ist es notwendig, an sich zu arbeiten, sein Innenleben zu ordnen und auch die Schwachstellen zu kennen, wo man besonders verletzbar, angreifbar und »versuchbar« ist.

Es sind jene Schwachstellen, bei denen man immer wieder über die eigenen Füße stolpert und in die gleichen Fallen tappt. Solche Schwachstellen bleiben oft ein Leben lang »erhalten«, aber man kann lernen, besser mit ihnen umzugehen. Man kann diesen Schwachstellen oft gut beikommen und sich Strategien ausdenken und Verhaltensweisen antrainieren, um die eigene Schwäche zu meistern. Eine solche Strategie wäre zum Beispiel, in bestimmten Situationen besonders achtsam zu sein und sich zu sagen: Achtung, hier musst du genau aufpassen, hier ist eine deiner Schwachstellen, hier bist du angreifbar, versuchbar, verführbar, wie immer man es nennen will. Wenn jemand oft zu schnell entscheidet oder zu etwas unüberlegt »Ja« sagt, wäre es gut, wenn er sich vornimmt, lieber noch eine Nacht darüber zu schlafen. »Übereile ist eine List des Teufels«, sagt Ignatius von Loyola. Wenn man auf solche eigenen Schwachstellen in den Exerzitien gestoßen ist, kann man ein Leben lang im Alltag üben, diese Fehler nicht mehr zu begehen.

Glaube, Wissen und Achtsamkeit

Der gute und »richtige« religiöse Glaube könnte zu einer Art »Wissen« führen: Die Emmaus-Jünger sagen: *Brannte* nicht unser Herz. Sie *wissen,* dass ihr Herz brannte, sie müssen es nicht glauben. Es ist ein Erfahrungswissen. Sie haben eine existentielle Erfahrung gemacht, die sie ihr Leben lang nicht mehr vergessen werden. Es ging ihnen durch Mark und Bein. Es hat sie im Innersten erschüttert. Und zwar so stark, dass sie sogleich ihre Pläne ändern und gar nicht mehr im Ort Emmaus bleiben, sondern voller Freude nach Jerusalem zurückkehren. Es hat sich in ihnen etwas bewegt, daran müssen sie nicht mehr glauben, das wissen sie. Vom Glauben zum »Wissen«, vom Sehen zum Schauen bestellt, könnte man ein Goethewort abwandeln.

Es geht um eine Art sinnlicher Gotteserkenntnis, die ganz alltäglich ist. Sie geschieht *im* Gespräch, *in* der Diskussion der beiden Männer, nicht danach oder davor, sondern *während* des Gesprächs. Eine alltägliche Erfahrung kann zur *Miterkenntnis* des Göttlichen führen. Biblisch heißt das: »Wo zwei oder drei in meinem Namen versammelt sind, da bin ich mitten unter ihnen« (Mt 18,20). Menschen sehen etwas, erfahren etwas in ihrem Herzen, sind berührt von dem, was sie dann als Erkenntnis und Einsicht in ihr ganzes Leben mitnehmen können. Es ist ihnen in Fleisch und Blut übergegangen. Es ist Fleisch geworden (inkarniert). Sie können es wahrnehmen, reflektieren und achtsam bewahren. Vielleicht können andere ihnen dabei helfen, es einzuordnen.

Hier ist auch der in vielen Religionen präsente Begriff der Achtsamkeit zu nennen. Im Christentum gibt es neben dem Begriff der Achtsamkeit auch jenen der Wachsamkeit. Achtsamkeit bezieht sich eher auf das Innere des Menschen und Wachsamkeit auf äußere Lebensereignisse. An manchen Stellen im Neuen Testament klingt es fast wie ein Befehl: »Seid wachsam« (vgl. Mk 13, 33–37). Man könnte fragen, worauf sich die Wachsamkeit beziehen soll und worauf achtzugeben sei: auf sich selbst, den Anderen, die Ereignisse des Lebens, die Zeichen der Zeit, die »Stimme« der Natur, die sinnlichen Erfahrungen.

Achtsam sein heißt, auf die inneren Bewegungen und die leise innere Stimme zu achten. So hat es – wie schon erwähnt – der Dalai Lama für das Gebet formuliert: Beten heißt achtgeben auf das, was in mir vorgeht. Es ist sinnvoll, auf diese inneren Vorgänge besser zu achten und nicht in Hochgeschwindigkeit über sie hinwegzugehen. Es geht darum, sich selbst ernst zu nehmen und die Achtsamkeit im Sinne einer Warnung zu steigern: Achtung!! Vorsicht!! Du kannst den Moment verpassen, den rechten Augenblick, den Kairos. Schätze ihn nicht gering, missachte ihn nicht.[75]

Wachsamkeit ist mehr nach außen gerichtet und bezieht sich auf die Umgebung und die Ereignisse. Es gilt, nicht zu schlafen und einfach verträumt durch den Tag zu trotten. Der Einzelne sollte wachsam sein für Begegnungen wie die Emmaus-Jünger, aber auch gegenüber einer drohenden Gefahr im Sinne der Verteidigung eines hohen Gutes. Hier kämen Begriffe wie aufwachen, erwachen, wach sein, bewachen oder auch Wache und Wächter ins Spiel. Die Achtsamkeit nach innen und die Wachsamkeit nach außen gehören zusammen. Dabei geht es immer um ein Beziehungsgeschehen: zu mir, zum Anderen, zur Welt, zu Gott. Achte auf das, was in Dir vorgeht und bewache das, was fein und verletzlich ist, die Beziehung zum letzten Grund, zu Dir selbst und zum Anderen. Sei auch wachsam Deinen Schwächen gegenüber sowie gegenüber den Gefahren, die sich aus diesen Schwächen ergeben können.

So geht es um das Ernstnehmen dessen, was mich innerlich bewegt und was äußerlich geschieht. Dem darf ich Aufmerksamkeit schenken und muss nicht nur auf andere hören, die mir entweder meine Intuition ausreden wollen oder schlimmer noch, die mir sagen: Nimm dich nicht so ernst. Zunächst ist es

---

75 Vgl. dazu: Neue Konkordanz zur Einheitsübersetzung der Bibel unter »achten«, Düsseldorf 1996, 26–31 und »wachen«, ebd. 1861–1864.

gut, sich selbst als Mensch ernst und wichtig zu nehmen. Erst in einem zweiten Schritt kann man sagen, nimm Dich nicht so wichtig, und zwar in dem Sinne, dass Du Dich nicht überall in den Vordergrund spielen musst oder meinst, »die Welt retten zu müssen«. Es kann auch so gemeint sein, wie es Papst Johannes XXIII. in einem Traum gehört hat: Johannes, nimm dich nicht so wichtig. Das sollte eine Entlastung bedeuten, sich nicht um alles Sorgen machen und auch nicht alles selbst regeln zu müssen. Es sollte ihn beruhigen.

Wenn man sich mit der Zeit mit den eigenen tiefsten inneren Beweggründen auskennt und auch die anderen Ebenen kennenlernt, die wie ein Störfeuer entweder aus dem Unbewussten aufsteigen oder Einflüsterungen des unguten Geistes sind oder der vielen anderen Stimmen, die Ignatius beschrieben hat, kann man langsam wieder »Herr im eigenen Haus werden«. Das hatte ja Sigmund Freund als eine der großen Demütigungen des Menschen aufgezeigt, dass der Mensch nicht mehr Herr im eigenen Haus ist und stark vom Unbewussten beeinflusst wird. Dies alles kann der Mensch im Alltag lernen und durch Stille, Hinhören und Reflexion vertiefen. So kann jeder schrittweise eine größere innere Sicherheit bekommen, die ihn auch vor Fehlentscheidungen bewahren kann.

Und schließlich kann eine gute Religiosität die Menschen vor gegenseitigen Überforderungen schützen, wie es auch schon in der Auslegung des ersten Gebotes kurz dargelegt wurde. Aufgrund seiner Geiststruktur ist der Mensch auf das Absolute ausgerichtet, er wird dieses Absolute suchen. Wenn ihm der Zugang zum Göttlichen nicht gegeben ist, oder es ihn nicht interessiert, steht er in der Gefahr, Innerweltliches zu verabsolutieren. Das kann der Ehemann sein oder die Ehefrau, das können die Kinder sein, die Familie, die Firma, das Geld, der Erfolg. Mit diesem Absolutheitsanspruch ist der Partner überfordert, er wird zum »Gott«. Er muss alles leisten. Da er aber endlich, unvollkommen, verführbar und fehlerhaft ist, kann er den Absolutheitsanforderungen niemals entsprechen. Die

Enttäuschungen sind vorprogrammiert. Anstatt diese Enttäuschungen als das zu nehmen, was sie in Wirklichkeit sind, nämlich die Aufdeckung der Täuschung (»Ent-täuschung«), Endliches zu Absolutem machen zu wollen, wird gesagt: Ich bin von dir sehr enttäuscht, wir müssen uns trennen.

Letztlich sollte eine gute Religiosität dem Menschen keine zusätzlichen Lasten auferlegen. Die Welt kennt schon genügend eigene Lasten mit ihrem ständigen Leistungsdruck[76], dem Stress am Arbeitsplatz und vielleicht auch in der Familie, mit Arbeitslosigkeit, Konkursen und Krankheit. Hier könnte eine gute Religiosität Ruheräume schaffen, in denen der Mensch Entlastung findet, wo er zur Ruhe kommen kann und im wahrsten Sinne des Wortes zur Besinnung. Deswegen ist es gut, Ruhetage zu haben, den Sabbat bei den Juden, den Sonntag bei den Christen, das Freitagsgebet bei den Muslimen sowie die anderen Fest- und Feiertage.

WOZU NOCH KIRCHE?

Alles, was bisher gesagt wurde, bezieht sich auf den Einzelnen. Das klingt so, als könne der Mensch auf Gemeinschaften verzichten. Das geht natürlich nicht. Wir sind soziale Wesen. Der Mensch ist eine »physiologische Frühgeburt« (so der Anthropologe Adolf Portmann), kommt im Kontext seiner Komplexität viel zu früh zur Welt und ist daher existentiell auf andere Menschen angewiesen. Das gilt gerade auch in der gegenwärtigen Corona-Krise, dass der eine auf den anderen angewiesen ist, dass wir aufeinander Rücksicht nehmen und das Gemeinwohl im Blick haben müssen.

Der Einzelne findet sich meistens in einer Familie vor,

76 Der deutschen Volkswirtschaft ist bereits ein Schaden von über 40 Milliarden Euro entstanden allein wegen Krankschreibungen und Frühpensionierungen aufgrund von Burnout-Syndromen und Depressionen.

später sucht er die Gemeinschaft im Freundeskreis oder auch in der virtuellen Welt. Kirchliche Gemeinschaften verlieren immer mehr an Attraktivität. Ein Dazugehören nur aus bloßer Gewohnheit, aus Pflicht oder weil man in diese Gemeinschaft hineingeboren wurde, wird immer mehr in Frage gestellt. Der Einzelne fragt sich, welchen Nutzen für ihn kirchliche Gemeinschaften noch haben können, manche fragen aber auch, was sie zur Gemeinschaft beitragen können. Wenn Eltern noch kirchlich sozialisiert sind, lassen sie ihre Kinder vielleicht taufen, zu Erstkommunion und Firmung (Konfirmation) gehen, und vielleicht trifft man sich noch zu Festen wie Weihnachten und Ostern, und erst dann wieder am Ende des Lebens bei Begräbnissen. Vielen aber erschließt sich der tiefere Sinn des Christentums und der Kirche nicht mehr.

Wenn sich Menschen freiwillig einer kirchlichen Gemeinschaft anschließen, dann tun sie es womöglich, weil sie sich dort wohl fühlen, weil es ihnen gut tut, weil sie »Gesinnungsgenossen« treffen, die ähnliche Einstellungen haben. Für Kinder kann es ein Ort der christlichen Sozialisation sein und für ältere Menschen ein Ort der Gemeinschaft. Vielleicht ist eine Gemeinschaft auch attraktiv, weil dort Menschen anzutreffen sind, die weltoffen sind, großzügig, freilassend, wertschätzend. Möglicherweise geht es um eine Gemeinschaft von Menschen, die einen Kontrapunkt bilden wollen zur oft brutalen, machtbetonten und ständig wettbewerbsorientierten »Welt«. In einer solchen Gemeinschaft kann man – wenn es gut geht – offen reden und sich im Leben gegenseitig wohlwollend unterstützen. So heißt es – vielleicht etwas hochtrabend – von den ersten Christen: Seht, wie sie sich lieben und alles miteinander teilen. Das wäre der äußerliche Aspekt.

Der innerlich spirituelle Aspekt ist für den heutigen Menschen vielleicht noch bedeutsamer. Viele suchen aber kaum im Christentum danach. In diesem Buch wurde eine christliche Spiritualität vorgestellt, die sehr tief geht und auch für den Alltag geeignet ist. Man kann die hier entfalteten ignatianischen

Exerzitien auch im Alltag durchführen: alleine oder in kleinen Gruppen. So kann der Einzelne »trainieren«, seine emotionalen »Bewegtheiten« genauer wahrzunehmen und zu verstehen und dadurch das eigene Leben klarer zu sehen und bessere Entscheidungen zu treffen. Es zeigt sich, dass Gott selbst zu jedem Menschen in ganz individueller und einzigartiger Weise »spricht«.

Die hier skizzierte und gut strukturierte christliche Spiritualität, die modern ist und sich täglich als sehr tauglich erweist, kann in einem letzten Schritt noch einmal in den Gesamtkontext des Christentums eingeordnet werden. Es geht darum, dass Gott selbst in der Person Jesu Christi zu jedem Menschen in eine ganz intime Beziehung eintreten will. Wir hatten schon vom Innenleben des Menschen gesprochen, aber es gibt noch eine andere Dimension der Vereinigung. Das Zentrum des Christentums ist etwas Eigenartiges: Es ist eine Mahlfeier, die Jesus Christus mit seinen Jüngern kurz vor seinem Tod gefeiert hat. Es ist das Passahmahl der Juden, das an die Befreiung des Volkes Israel aus der Knechtschaft Ägyptens erinnert. Bei diesem Mahl ist es üblich, sowohl über das Brot als auch über den Wein ein besonderes Segensgebet zu sprechen. Bei diesem Mahl nimmt Jesus das Brot und später den Wein, spricht den Segen und »widmet« beides in etwas Neues um. Er sagt: Dieses Brot ist mein Leib, und dieser Wein ist mein Blut (vgl. Lk 22,19). Das klingt sehr befremdlich, und ist auch kaum zu verstehen. »Leib« steht für Leben und Blut für Lebenskraft, Blutsverwandtschaft oder auch Lebenshingabe. Es geht um eine Lebenshingabe, wenn jemand sein Leben hingibt und für seine Freunde opfert. Jesus erfüllt darin den väterlichen Auftrag. Er setzt sein Leben dafür ein, den Menschen zu erklären und vorzuleben, wie sein Vater das Leben gemeint hat.

Damit ist die Frage, ob es »zusätzlich« zur individuellen Gottesbeziehung noch einer Gemeinschaft bedarf, jetzt umgekehrt zu beantworten. Es geht bei der Gemeinschaft nicht um etwas Zusätzliches, sondern um etwas Grundlegendes: Zunächst sind es die Eltern, die innerweltlich eine Gemeinschaft stiften, und auf der religiösen Ebene ist es Gott selbst, der die Gemeinschaft mit den Menschen stiftet. So war es im Judentum, wo Gott seinen Bund mit dem Volk Israel schließt, und so ist es in anderer Weise im Christentum, wo Gott selbst in der Person Jesu Christi Gastgeber dieses Mahles ist. *Er* schafft die Gemeinschaft, *er* ist der Einladende. Die wesentliche Frage ist, ob sich der Mensch auf diese Einladung einlässt.

Das Christentum hat begonnen mit der Zeugenschaft der Jünger, die von der Auferstehung Jesu berichtet haben, wurde weitergeführt durch die Mahlfeier, die sie vor seinem Tod mit ihm zusammen und nach seinem Tod zu seinem Gedächtnis gefeiert haben. Christentum lebt also von der Zeugenschaft, von der Mahlfeier und auch vom Weitererzählen der Taten Jesu, die zunächst mündlich überliefert und dann später schriftlich niedergeschrieben wurden. Insofern ist das Christentum auch eine »Weitererzählgemeinschaft«. Seit über zweitausend Jahren werden die Evangelien verlesen, sie werden interpretiert, es wird das Mahl gefeiert und die Sakramente werden als heilige Zeichen zum Heil der Seele gespendet. Das zentrale Sakrament ist neben der Taufe eben die Feier der heiligen Kommunion, der heiligen Gemeinschaft mit Gott und den Menschen. Dieses Mahl will Nähe und Intimität vermitteln zwischen Gott und den Menschen Dieser Nähe kann sich der Mensch öffnen. Es gibt Nahrung und Stärkung für sein Leben. Dies scheint nur ein kleiner Mosaikstein im Gesamtkontext des Lebens zu sein, aber es ist der entscheidende Schlussstein, der das ganze Gebäude zusammenhält.

Es ist wie mit der Sonne: Sie ist immer schon da und scheint, der Mensch kann sich nun entscheiden, ob er sich ihr zuwendet oder nicht. Und so ist es auch mit Gott: Er ist immer schon da und stiftet Gemeinschaft. Es ist die Entscheidung des Menschen, ob er sich ihm zuwendet und sich auf ihn einlässt. Das wird er tun, wenn er erfährt, dass das das göttliche Wirken *wirklich* eine Nahrung für das eigene Leben ist. »Denn mein Fleisch ist wirklich eine Speise, und mein Blut ist wirklich ein Trank. Wer mein Fleisch ist und mein Blut trinkt, der bleibt in mir und ich bleibe in ihm« (Joh 6,56). Sollte dem Menschen aber nur vorgekaute Nahrung in Form von religiösen Formeln vorgesetzt werden, wird er sich abwenden. Sich dagegen der *wahren* Nahrung und dem Quell lebendigen Wassers im eigenen Inneren zuzuwenden, ist klug und vernünftig. Es wird dem Leben eine andere Richtung geben und größere Erfüllung bringen. Das ist die Antwort auf die Frage, warum es sinnvoll ist, Gott zu suchen und zu finden, in guten wie in schlechten Zeiten.

Immerhin ist ein Großteil der europäischen Kulturgeschichte mit ihrer weltlichen Architektur sowie mit romanischen Kirchen, gotischen Kathedralen, mit der Kunst und Kultur der Renaissance und des Barock, mit der Musik eines Bach, Mozart, Beethoven, Schubert sowie der Literatur eines Dante, Dostojewski, Goethe, Schiller bis hin zu den philosophisch theologischen Denkern wie Augustinus, Thomas von Aquin, Descartes Kierkegaard, Jaspers zutiefst von christlichen Wurzeln geprägt. Aber es wäre zu wenig, sich auf den Errungenschaften der Geschichte auszuruhen. Ethisch hat Europa viel vorangebracht und mit dem Begriff der Menschenwürde eine Hochschätzung des Einzelnen hervorgebracht. Aber spirituell und religiös sind wir – zumindest heutzutage – auf der Strecke geblieben. Die den Menschen vermittelte christliche Botschaft ist oft in äußeren Ritualen oder dogmatischen Formeln hängen geblieben. Sie hat den Menschen nicht mehr innerlich entfacht und zum Brennen gebracht. Es genügt nicht, dem Menschen immer wieder auf seine Pflichten und die Moral hinzuweisen, wenn das Herz nicht mehr von innen her berührt ist. Aber genau darum geht es: das Innere des Menschen so zu berühren, dass der Mensch »von Grund auf« bewegt wird. Er braucht dann trotzdem noch äußere Regeln, aber zentral ist das Angerührtsein und Bewegtwerden von innen, für sich selbst und den Anderen.

Literaturverzeichnis

Aristoteles, Nikomachische Ethik (übers. und hrsg. von U. Wolf), Reinbek b. Hamburg [2]2008.

Aristoteles, Metaphysik, Schriften zur Ersten Philosophie (übers. u. hrsg v. Franz F. Schwarz), Stuttgart 1984.

Balthasar, Hans Urs von: *Theologik*, Bd. I: Wahrheit der Welt, Einsiedeln 1985.

– ders.: Bd. II, Wahrheit Gottes, Einsiedeln 1985.

– ders.; Bd. III, Der Geist der Wahrheit, Einsiedeln 1987.

– ders.: *Theodramatik*, Bd. I: Prolegomena, Einsiedeln 1973.

– ders.: Bd. II: Die Personen des Spiels, Teil 1: Der Mensch in Gott, Einsiedeln 1976.

– ders.: Teil 2: Die Personen in Christus, Einsiedeln 1978.

– ders.: *Herrlichkeit.* Eine theologische Ästhetik, Bd. I: Schau der Gestalt, Einsiedeln 1961.

– ders: Bd. III/1: Im Raum der Metaphysik, Einsiedeln 1965.

– ders.: Bd. III/2,1: Theologie. Alter Bund, Einsiedeln 1969.

– ders.: Bd. III/2,2: Theologie. Neuer Bund, Einsiedeln 1969.

Barth, Karl: Dogmatik III. Die Lehre von der Schöpfung, Teil 2. Zollikon-Zürich 1948.

Beck, Matthias: Was uns frei macht. Für eine Spiritualität der Entfaltung, Wien-Graz-Klagenfurt 2018.

– ders.: Krebs. Körper, Geist und Seele einer Krankheit, Wien-Graz-Klagenfurt 2017.

– ders.: Leben – Wie geht das? Wege zur Lebensentfaltung, Wien-Graz-Klagenfurt 2012.

– ders.: Der Krebs und die Seele, Gen-Geist-Gehirn-Gott. Paderborn u.a. [2]2010.

– ders.: Seele und Krankheit. Psychosomatische Medizin und theologische Anthropologie, Paderborn [3]2003.

Beckett, Samuel: *Warten auf Godot.* Endspiel. Glückliche Tage, Berlin [7]2006.

Bordt, Michael: *Die Kunst sich selbst auszuhalten.* Ein Weg zur inneren Freiheit. Würzburg 2013.

Bordt, Michael: *Die Kunst, sich selbst zu verstehen.* Den Weg ins eigene Leben finden, München 2015.

Cioran, Emil M.: *Vom Nachteil, geboren zu sein.* Frankfurt am Main [19]2019.

Dostojewski, Fjodor M.: Der Großinquisitor (übertr. v. R. Kassner). Insel Verlag 1966.

Frielingsdorf, Karl: *Vom Überleben zum Leben.* Wege zur Identitäts- und Glaubensfindung. Ostfildern 2008.

Fromm, Erich: Haben oder Sein. Die seelischen Grundlagen einer neuen Gesellschaft. München [6]1980.

Fuchs, Thomas: Das Gehirn – ein Beziehungsorgan, Stuttgart [5]2016.

Gertler, Thomas/Kessler, Stephan Ch./Lambert, Willi (Hg.): Zur größeren Ehre Gottes. Ignatius von Loyola neu entdeckt für die Theologie der Gegenwart, Freiburg i.Br. 2006.

Grün, Anselm: Lebensmitte als geistliche Aufgabe. Münsterschwarzach [13]2001.

Haecker, Theodor: Metaphysik des Fühlens. München [2]1955.

Ignatius von Loyola: Die Exerzitien (übertr. v. Hans Urs v. Balthasar), Einsiedeln [15]2016.

Johannes Tauler, Predigten. Vollständige Ausgabe (übertrag. und hrsg. v. G. Hofmann), Freiburg 1961.

Jung, Carl Gustav: Psychologie und Religion. München [3]1994.

Kant, Immanuel: Kritik der praktischen Vernunft, Kapitel 34, 1788.

– ders.: Grundlegung zur Metaphysik der Sitten

Kasper, Walter: Barmherzigkeit. Grundbegriff des Evangeliums – Schlüssel christlichen Lebens. Freiburg i. Br. [5]2015.

Kierkegaard, Søren: Die Krankheit zum Tode. Eine christliche psychologische Entwicklung zur Erbauung und Erweckung von Anti-Climacus, Kopenhagen 1849 (hrsg. v. L. Richter), Frankfurt a.M. [2]1986.

Köster, Peter: Zur Freiheit befähigen. Die geistlichen Übungen des Hl. Ignatius von Loyola. Ein Kommentar mit Hinweisen für die Praxis des Begleiters. Würzburg 2017.

Kummer, Christian: An Gott als Person glauben? Eine Spurensicherung, Ostfildern 2019.

Nietzsche, Friedrich: Der tolle Mensch, in: *Die Fröhliche Wissenschaft,* Drittes Buch Nr. 125. Stuttgart 2000.

Pico della Mirandola,: Oratio de hominis dignitate. Rede über die Würde des Menschen (hrsg. u. übers. v. G v. d. Gönna), Suttgart 1997.

Rahner, Karl: Schriften zur Theologie I-XII. Einsiedeln-Zürich-Köln 1954–1972.

– ders.: Die Logik der existentiellen Erkenntnis bei Ignatius von Loyola, in: ders., Das Dynamische in der Kirche (QD 5). Freiburg i.Br. 1958.

Weilner, Ignaz: Johannes Taulers Bekehrungsweg. Die Erfahrungsgrundlagen seiner Mystik. Regensburg 1961.

Danksagung

Das vorliegende Buch zu schreiben hat sich als ausgesprochen schwierig herausgestellt. Es ging darum, über innere Erfahrungen zu sprechen, die einerseits jeder machen kann und die gleichzeitig ganz individuell und sehr persönlich sind. Und hier liegt schon eine Schwierigkeit: etwas auszudrücken, was eigentlich gar nicht auszudrücken ist. Daher bin ich vielen Freunden sehr dankbar, dass sie sich die Mühe gemacht haben, immer wieder einige Passagen des Buches zu lesen und zu versuchen, es mit den eigenen Erfahrungen abzugleichen. Und da wurde immer wieder neu klar, dass bestimmte Phänomene so nicht ausgedrückt werden können. So bleibt das Buch ein Versuch, das Unsagbare doch irgendwie zu sagen. An vielen Punkten greift die Sprache zu kurz und das Gemeinte kann nur unvollkommen ausgesagt werden.

Daher nochmal allen ein herzliches Dankeschön, die mitgeholfen haben, manches zu präzisieren oder besser zu formulieren. Dem Styria Verlag sei Dank gesagt für sehr gute Zusammenarbeit. Allerdings haben wir diesmal mit dem Cover sehr gerungen. Ich wollte kein Bild von mir auf dem Buch. Der Verlag aber war der Ansicht, dass es gerade bei diesem Thema, bei dem es um den Einzelnen geht, gut ist, ein Gesicht zu zeigen, das auch persönlich dafür einsteht. Dieser Argumentation konnte ich mich nicht ganz verschließen. So danke ich auch für ein akribisches Lektorat und die insgesamt gute Zusammenarbeit. Das Buch bleibt ein Versuch, aber ein Versuch, der gewagt werden sollte.

Matthias Beck

geboren 1956 in Hannover, Univ.-Prof. DDr., abgeschlossene Studien in Pharmazie, Medizin und Theologie, Habilitation in Moraltheologie. Seit 2007 ist Matthias Beck außerordentlicher Universitätsprofessor für Moraltheologie/Medizinethik an der Universität Wien. Matthias Beck wurde 2011 zum Priester geweiht. Der Theologe und Medizinethiker hat immer den ganzen Menschen im Blick, es geht ihm um das Wachsen und Entfalten des Einzelnen von seinem innersten Grund aus. Zuletzt erschien von ihm bei Styria der Band »Was uns frei macht. Für eine Spiritualität der Entfaltung« (2018).

Liebe Leserin, lieber Leser,

Möchten Sie mit dem Autor in Kontakt treten? Wir freuen uns auf Austausch und Anregung unter **leserstimme@styriabooks.at**

Inspirationen, Geschenkideen und gute Geschichten finden Sie auf **www.styriabooks.at**

STYRIA
BUCHVERLAGE

ISBN 978-3-222-13661-0

Bücher aus der Verlagsgruppe Styria gibt es in jeder Buchhandlung und im Online-Shop www.styriabooks.at

Projektleitung: Johannes Sachslehner
Lektorat: Ernst Heissenberger
Covergestaltung: Emanuel Mauthe
Buchgestaltung: Johanna Uhrmann

Druck und Bindung: CPI
Printed in the EU
7 6 5 4 3 2 1